crackövia

cancuca

veranda.tv

Columna

3

CRACKÖVIA

Primera edició: abril del 2009
Llibre realitzat amb llicència de Televisió de Catalunya, S.A.
Llibre basat en el programa de televisió *Crackòvia*, produït per Televisió de Catalunya, S.A.

Coordinació de TVC: Elena Goixens i Josefina Vallhonesta

Edició a cura de Jordi Graví
Textos de Jordi Graví
Guions de l'equip de guió del *Crackòvia*
Disseny, il·lustracions i maquetació: Luis Ozonas
Fotografies: Anna Jiménez Roig
Material videogràfic addicional: Equip *Crackòvia*
Col·laboració: Miquel Santiveri i Jaume Grau
Producció executiva: Toni Soler i Carles Gené

Carrer Peu de la Creu, 4 – 08001 Barcelona
ISBN: 978-84-664-1072-4
Dipòsit Legal: B. 12.377-2009
Imprès i enquadernat per: Colour Printing Service, S.L.

www.tv3.cat/botiga
www.tv3.cat/crackovia
www.columnaedicions.cat

lo llibre

SI LA PILOTETA entra...

En aquest país el futbol sovint ocupa el lloc de la política i la religió, per això hi ha jugadors que se'ls anomena *Kaiser* o *profeta*, estadis coneguts com a *catedrals* i algunes fites merament esportives (com un 0-5 al Bernabéu) que figuren als llibres d'història. Això no és que ens agradi (més aviat ens preocupa), però com que l'equip del ***Polònia*** està ple de *futboleros*, que a més són culers fanàtics (excepte en Manel Lucas, que és de l'Espanyol), de seguida vam veure que el món de l'esport era prou important i prou ridícul per merèixer una paròdia. I així va néixer *Crackòvia*. Amb el mateix estil i el mateix esperit que el seu germà gran, però amb una personalitat cada cop més diferenciada, gràcies a la frescor, l'atreviment i el talent dels seus actors i guionistes.

Des del primer moment, el programa ha comptat amb les simpaties d'un públic ampli, divers i intergeneracional. Ha fet riure fins i tot aquells espectadors a qui no els agrada el futbol. I ha incorporat al paisatge humorístic nacional expressions com el "Keiteee!" d'en Puyol, l'"¡Al loro!" d'en Laporta, i el "¡Tontopollas!" de Tamudo. Com també les citacions literàries d'en Guardiola, la dèria vermutera d'en Sánchez Llibre i la seva inseparable *escupi*, la vida domèstica dels germans Gasol, la poca punteria d'en Tiger Woods i les vides sincronitzades de la Gemma Mengual i les seves companyes de bany.

Estem molt contents amb el *Crackòvia* i estem gairebé segurs que, a més de captar l'atenció de l'audiència de TV3, hem donat sort al Barça i —fins i tot— a l'Espanyol. I esperem que els èxits continuïn acompanyant els equips catalans, perquè, a diferència del que passa en la política, en el món de l'esport a la gent no li agrada riure quan les coses van de mal borràs. Si la piloteta entra, tothom té sentit de l'humor. Però si no entra... En fi, que millor que entri.

Toni Soler

CRACKÖVIA

Que sí, que sí, que amb Guardiola juguem perfecte: una bona disposició al camp, ja no ens marquen gols als minuts de silenci ni durant el partit, la gent està molt ben col·locada, en el bon sentit de la paraula, però...

com jugaria el Barça si l'entrenés...

Aquesta tàctica és la mar (o la piscina) de senzilla, és una variant del 4-4-2, un 1-2-8 amb tirabuixó invertit, sanefa alterna, capbussada al mig del camp, cama enlaire, braç amunt i somriure fals. Fàcil, no? Puyol fa un gir de 180 graus, Gudjohnsen fa una tombarella, mentre Xavi neda d'esquena rotant sobre si mateix i Keita, que té una gran capacitat pulmonar, agafa aigua i l'escup com un sortidor mirant al cel. En aquest moment els altres es donen les mans fent una sardana aquàtica i Messi es tira a la piscina. L'àrbitre xiula penal i gol. Que *chachi*, no? I això que jo sóc de l'Espanyol...

Si jo fos l'entrenador del Barça, a banda de fer-me acompanyar a la banqueta per una bona colla de brasileres en tanga, faria diverses tàctiques: La del "*Teto*", la de la "Piragua" (*que es lo mismo pero debajo del agua*), la tàctica "*Aquí te pillo aquí te mato*"... però totes basant-me en un dibuix tàctic molt guapo: la Regina Do Santos, tu! Mira quines mamelles!!! *¡Ole! ¡Ole! ¡Que babee el Camp Nou!* Això sí que és el Samba Team.

Well... ser entrenador del Barça de futbol és fàcil, només cal posar una miqueta de ferro a l'assumpte, concretament el *Ferro 8*, que ens anirà molt bé perquè Eto'o, vestit amb bombatxos i un polo del Barça, si té *eggs*, colpegi des del mig del camp cap al forat on cal introduir la pilota amb un *hole in one*. Tot això serà escoltant, evidentment, una música relaxant del famós compositor golfístic Giuseppe *Birdie*.

Home, si jo hagués de fer una tàctica pel Barcelona, per una vegada a la vida no li demanaria consells a la meva portera, perquè m'engegaria a fregar, no? Eh? Eh? Hehehe... a fregar... eh? És un *xistu*, no? Ho heu entès, no? Hehehehe. A més, potser em demanaria cobrar pels seus consells i... snif... i snif... i... buà... buà... jo no m'ho puc *permitir*, no? Buà... buà...

Però una cosa està clara, no? Mentre el senyor Elefant sigui *pecident* del Barça, la meva disposició tàctica al camp seria els 11 jugadors a la banda dreta, encarats cap a la llotja, tots amb mocadors a les mans i cridant "Laporta *demissió*!!! Laporta *demissió*!!!". No sé si amb això guanyaríem el partit, però potser aconseguiríem que *demitieixi* el *pecident* que tenim ara, no? Eh? Eh? Hehehe... Mentrestant jo estaria tranquil·lament a la banqueta menjant un *frànsfur* amb l'amic Joan Gaspart al costat, que seria el meu *visentrenador*, no? Perquè algú m'ha de pagar els *frànsfurs*, que són molt cars, no? Snif... Sí, sí, molt cars, sí, snif... valen 4 euros de les antigues pessetes, no? Buà... Buà...

Nunca me ha motivado ser entrenador del Barcelona, de hecho tengo las mismas ganas de entrenar al Barça como de estar en el sofá de casa abrazado a Louis Hamilton viendo *Pretty Woman*, o sea: ¡cero!

Pero como gran amante del fútbol tengo clara la disposición táctica de la escudería del Barça.

Valdés estaría bajo los palos de *boxes*, y una línea de defensas avanzaría por la *chicane*, para que Touré en el mediocentro hiciera su función de *Safety Car* usando neumáticos duros. Tras despistar al contrario con dos curvas subiéndose al piano de las mismas, Henry haría un *Pit Stop* para negociar las últimas curvas con Eto'o, que doblaría a los contrarios haciendo la vuelta rápida para que Messi, saliendo del banquillo, para no romper motor, cruzara con el balón la bandera de cuadros. ¡Gol, victoria, pódium y botella champán!

¡Qué fácil es el fútbol, coño!

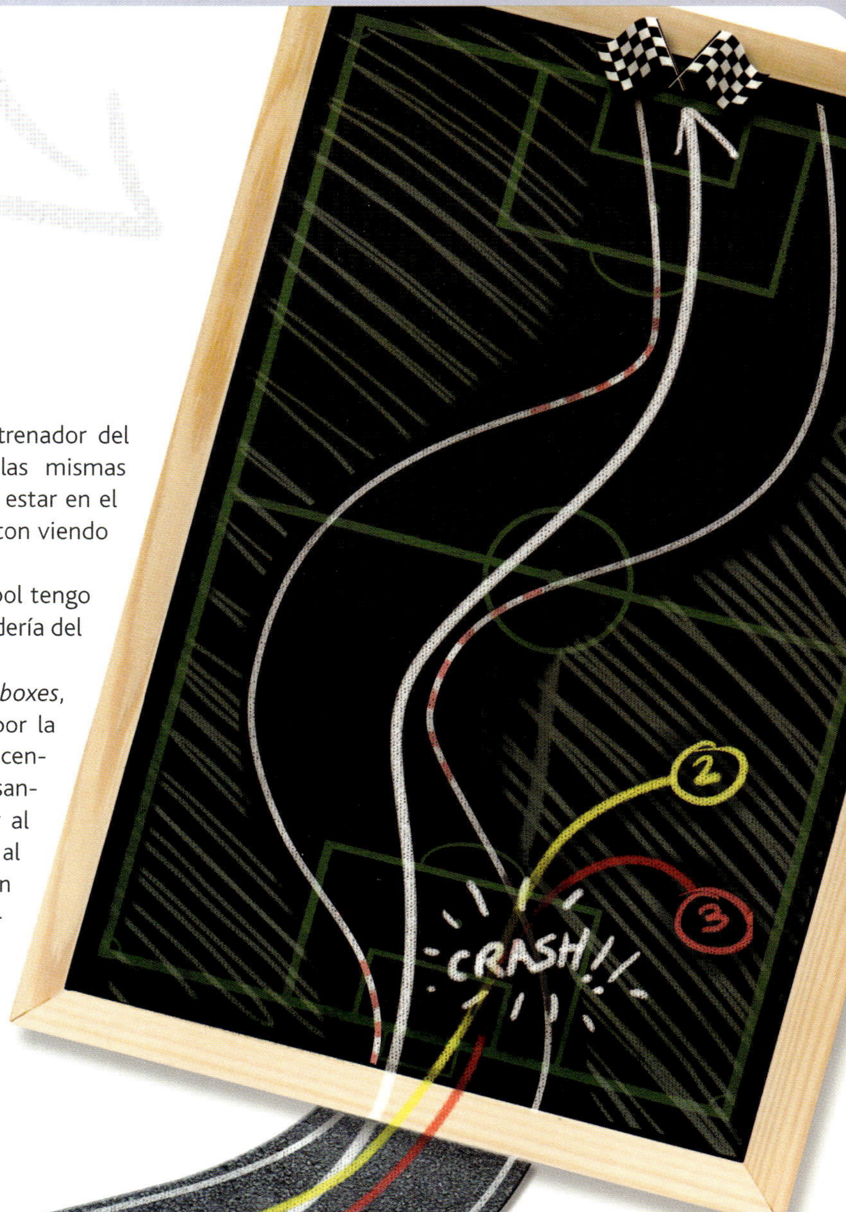

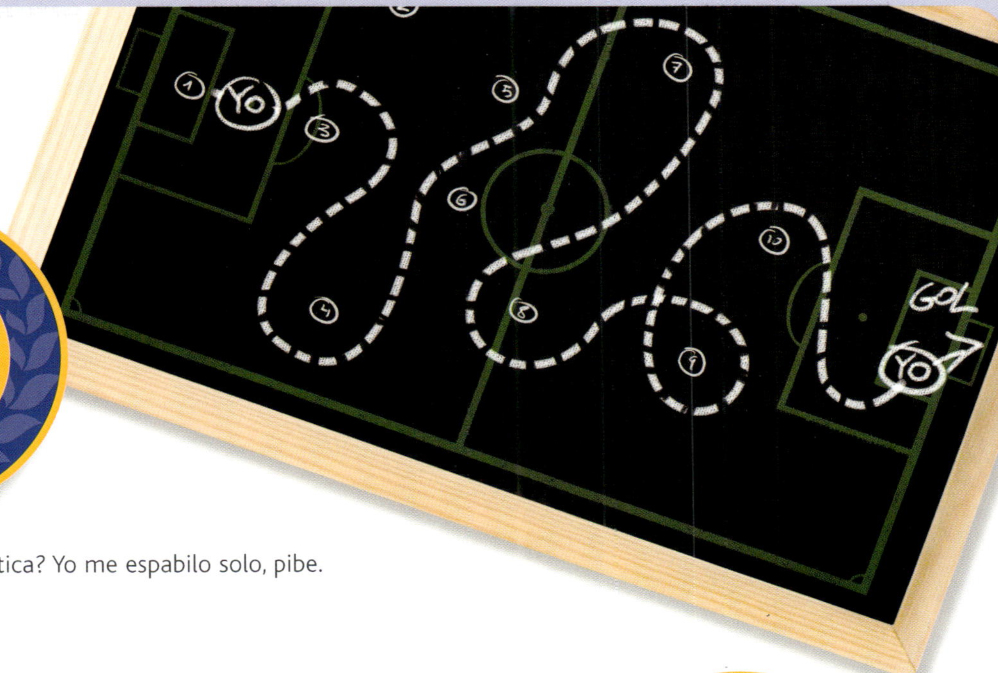

¿Táctica? ¿Qué táctica? Yo me espabilo solo, pibe.

Jo només acceptaria entrenar el Barça si es digués: Los Angeles Barça, F.C. Barcelona Grizzlies o Barça Trail Blazers.

Doncs jo sí que podria entrenar el Barça perquè ja estic acostumat a estar a la banqueta, estaria com a casa, tio.

Però la tàctica que faríem servir és molt fàcil, jugaríem només nosaltres dos i seríem porters-davanters.

feisbuk Inici Perfil Amics 1.230 Safata d'entrada Configuració Cercar

Pep Guardiola

Mur | **Informació** | **Fotos +**

Informació

Naixement:
18 / Gener / 1971

Sexe:
Abans d'un partit, no.

Població:
Santpedor

Estat civil:
No, mai he estat guàrdia civil

Un llibre:
"Els pilars de la Terra"

Amics

1.230 Amics — Veure tots

Joan Laporta

Carles Puyol

Cristina Cubero

Emidio Tucci

Ramon Llull

Txiki Begiristain

9 febrer

Guardiola s'ha unit al grup **"És més gran el meu armari que el meu garatge"**
203 fans

15 febrer

Guardiola s'ha unit al grup **"Jo em sé el càntic del 'Ziga-zaga zigui-zaga'"**
1 fan

30 febrer

Guardiola s'ha unit al grup **"Per què no existeix el 30 de febrer?"**
13.094 fans

3 març

Guardiola s'ha fet amic de **Lluís Llach**
1 fan

3 març

Guardiola s'ha fet amic de **Joan Manuel Serrat**
1 fan

3 març

Guardiola JA NO és amic de **Lluís Llach**
1 fan

3 març

Guardiola JA NO és amic de **Joan Manuel Serrat**
1 fan

3 març

Guardiola s'ha fet amic de **Lluís Llach**

Lluís Llach ha escrit:
Perdonat, però no ho tornis a fer mai més això.
Enviat avui a les 15:00

12 març

Guardiola ha escrit al mur d'**Antoni Miró**
Guardiola ha escrit al mur del **Senyor Pastilles Juanola**

feisbuk

Inici | Perfil | Amics 455 | Safata d'entrada | Configuració | Cercar

Mur | **Informació** | **Fotos +**

Vídeo

3 vídeos — Veure tots

Frenem l'eufòria 1

Frenem l'eufòria 2

Frenem l'eufòria 3

Joan Laporta ha escrit:
Hola Pep, quedem demà per esmorzar? Jo poso el despatx i tu el menjar (acabo de fer un vers com a tu t'agrada). A les 11 et va bé? Fins demà, doncs! Sigues puntual que he quedat després a les 12 per esmorzar amb el Txiki i a la 1 per fer un aperitiu amb el Sala Martín. M'encanta el pernil 5J, no et vull pressionar.

Enviat avui a les 18:01

Lluís Llach ha escrit:
Hola Pep, les muses m'han vingut a visitar i he fet una versió de "La Gallineta". A veure què et sembla:

El Madrid ha dit que prou,
que atrapar el Barça costa un ou,
ni amb jugadors amb un gran sou
podran ells guanyar la lliga.

El Calderón quan va plegar
ja ho va deixar del tot ben clar
aquest any el Barça guanyarà
perquè no acostuma a fer figa.

El Guardiola és el millor.
Ha fet del Barça un campió!

Què et sembla?

Enviat avui a les 16:03

Daniel Sánchez Llibre ha escrit:
Hola Pepito, ja que ho fas tan bé, no t'interessaria entrenar l'Espanyol? Jo no diré que et pagaré bé, però et pagaré bé, eh?! Què et sembla escopinyes per un any gratis cada dia? En fin, temptador, oi? Pensa-ho, ja em diràs algo.

Enviat ahir a les 22:10

Raúl Tamudo ha escrit:
¡Pep, tú ni caso!

Enviat ahir a les 22:10 i 3 segons

feisbuk Inici Perfil Amics 10.766 Safata d'entrada Configuració Cercar

Queeeeeeeca!!!!

Informació

Naixement:
13 / Abril / 1978

Sexe:
Home

Població:
La Pobla de Segur

Oci:
Després de fer exercicis físics, per descansar faig més exercici físic

Un llibre:
"Los pilars de lo Queca"

Amics

10.766 Amics **Veure tots**

Joan Laporta

Queca

Queca Pare

Queca Mare

Queca Germana

Keita

Carles Puyol

Mur | **Informació** | **Fotos +**

22 agost

Puyol s'ha unit al grup **"Amb un parell d'ous he fet una truita de patates (utilitzant només oli i patates)"**
1 fan

24 agost

Puyol s'ha unit al grup **"Sóc més fort que els calçotets de l'Increïble Hulk"**
234.876 fans

13 setembre

Puyol ha escrit al mur de **Queca**
Puyol ha escrit al mur de **Queca**
Puyol ha escrit al mur de **Queca**
Puyol ha escrit al mur de **Queca**
Puyol ha escrit al mur de **Queca**

Queca ha escrit:
Que estic béééééééé, pesat!!!!

13 setembre

Puyol ha escrit al mur de **Queca**
Puyol ha escrit al mur de **Queca**
Puyol ha escrit al mur de **Queca**

Puyol ha publicat 4 fotos:

feisbuk Inici Perfil Amics 0 Safata d'entrada Configuració Cercar

Bernd Schuster

Veure fotos de Schuster (0)

Informació

Naixement:
22 / Desembre / 1959

Sexe:
Home

Població:
Augsburg

País:
Alemanya

Casat amb:
Gaby

No casat amb:
Miliki, Fofito y Milikito

Un llibre:
"Los pilares que no hasen falta decir nada más en la Tierra"

Amics

0 Amics

Suggereix amistats a Schuster

Mur | Informació | Fotos +

Schuster ha escrit:
Hola. ¿Cómo estoy?
Enviat avui a les 18:41

Schuster ha escrit:
Bien. Gracias por preguntar
Enviat avui a les 18:42

Schuster ha escrit:
Qué palo no tener amigos, ¿no?
Enviat avui a les 18:43

Schuster ha escrit:
Bueno... pse...
Enviat avui a les 18:44

Schuster ha escrit:
¿Haces algo esta noche?
Enviat avui a les 18:45

Schuster ha escrit:
No. ¿Nos vemos en casa?
Enviat avui a les 18:46

Schuster ha escrit:
Vale. Ya estoy aquí.
Enviat avui a les 18:47

Schuster ha escrit:
No hase falta decir nada más.
Enviat avui a les 18:47

feisbuk. Inici · Perfil · Amics 12 · Safata d'entrada · Configuració · Cercar

Daniel Sánchez Llibre

No sóc de l'altre club de la ciutat.

Informació

Naixement:
22 / Desembre / 1950

Sexe:
Home

Població:
Vilassar de Mar

Una mascota:
L'Escupi

Un llibre:
"Les escopinyes de la llauna"

Amics

12 Amics · Veure tots

Escupi

Luis García

Raúl Tamudo

Mauricio Pochettino

Iván de la Peña

Ricky Rubio

Mur · Informació · Fotos +

15 febrer

Dani s'ha unit al grup **"Jo no diré que m'he unit a aquest grup, però m'he unit a aquest grup"**
3.024 fans

20 març

Dani s'ha unit al grup **"Demà plego... no, demà passat... no, l'altre... no, d'aquí una setmana... no, d'aquí un mes"**
6.398 indecisos

Joan Laporta ha escrit:
Dani, no m'enviïs comentaris firmant com a "anònim" des del Feisbuk, no veus que surt la teva foto i el teu nom i sé que ets tu?
Enviat avui a les 11:13

Escupi ha escrit:
nyiii nyiiiii nyiguiiii nyiggui nyiiii nyiiiii nyiiii
Enviat ahir a les 12:01

Raúl Tamudo ha escrit:
Bueno, qué pasa con los papeles aquellos para llamar al campo Municipal Raúl Tamudo. ¿Has firmado ya? Dile al abogado el mal pronto que tengo.
Enviat ahir a les 12:01

Daniel Sánchez Llibre ha publicat 2 fotos:

Jugades d'estratègia per Pep Guardiola

Qualsevol moment és bo per inspirar-se a l'hora de crear una jugada d'estratègia que complementi el bon joc del Barça: estant en una sala de projecció mirant cinema d'autor, llegint un llibre de Martí i Pol, a casa rentant els plats amb música de Lluís Llach, llegint un llibre de Martí i Pol, anant a una exposició cubista, ...he dit ja llegint un llibre de Martí i Pol? En fi, qualsevol moment és bo per pensar en el Barça.

Estratègia per a una Rematada de córner

Com primavera lleugera de llum i de color,
la centrada de córner de Xavi serà amb precisió;
col·locant la tan preuada esfèrica juganera
a la bruna i elegant, del Márquez, cabellera.

Aquest, fent girar el coll com aspes de molí,
donarà un cop de geni en busca del preuat destí;
i joiosos càntics brindaran les goles de l'afició
quan l'afortunat guerrer es torni golejador.

Però abans cal fer un munt de giragonses estudiades
per tenir els defensors com cabres marejades,
Puyol i Keita distrauran l'atenció de l'home dels guants
explicant acudits verds d'aquells d'abans.

Eto'o fent la dansa del ventre amb quatre draps
deixarà la resta de defenses absolutament
/desconcertats,
i per acabar de descol·locar, en Messi farà
/un gran esternut,
moment en què Márquez farà la rematada
/tot essent el més astut.

Gooool!!! Goool!!! Gool!!! Gol!!!

Jugada assajada per a un Xut de penal

Mirades entrellaçant-se en dos destins oposats.
Lleó i gladiador a punt per a un únic combat.
No hi ha remor de fulles ni silencis trencats.
Plantem la pilota en un cercle de guix il·luminat.

Mirant a esquerra i dreta desviarem l'atenció,
com la mirada del Dioni (abans de l'operació),
no donant pistes sobre a quin cantó llançarem
el penal que faci que tots al camp ens alcem!

Quatre passes enrere serviran d'embranzida,
el públic restarà amb el cul a la cadira,
assenyalant la bota dreta del porter que tenim davant
el xutador dirà: "Vigila, se t'està descordant!!!"

Quan el rival de sota pals s'ho miri amb cara d'estrany,
s'haurà acomplert el nostre malèfic engany,
i xutarem amb total precisió
per celebrar el gol amb la nostra afició!!!

Gooool!!! Goool!!! Gool!!! Gol!!!

La falta

A la vora de la mar un alè de brisa desperta la mainada.
A la vora de l'àrea gran una falta desferma la culerada.
Qui serà qui impacti l'esfèrica esquivant la barrera?
Qui serà qui marqui a la porteria del darrere?

Una munió d'homes ens ferma el pas a l'objectiu,
la trajectòria de la pilota els impactarà de viu en viu,
és per això que cal buscar una solució
per completar amb èxit la nostra tan difícil missió.

Mirant enlaire, xiulant, com aquell que no vol la cosa,
posarem a la tanca defensiva uns dels nostres a fer nosa.
Seran jugadors ja organitzats per a tal funció
perquè per fer això necessiten preparació.

Hores abans els haurem fet ingerir
plats de mongetes i mongetes per avorrir.
Tal serà el rebombori que a les entranyes tindran
que unes bones flatulències s'aniran gestant.

"Cosa dolenta fora del ventre" mana clara la nostra tradició,
i nosaltres ho complirem fidels al peu del canó.
A base de ventositats a aquell homes farem la guitza,
ho tinc comprovat: això el reglament no ho penalitza.

Els efluvis emanats per part dels nostres jugadors
faran corrompre la virilitat dels defensors,
que marxaran corrent per por d'algun desmai
deixant via lliure el camí de la porteria com no s'ha vist mai.

Gooool!!! Gooo!!! Gool!!! Gol!!!

CRACKÖVIA

PRESENTA
MAGS DE L'HUMOR
ANDRÉS INIESTA
¿Qué es una orilla? Sesenta minutillos...
Van 2 y se cae el del medio.
¿Qué es el código? Por dónde se dobla el brácigo.
– ¡Hola! venimos de Marte.
– ¿De marte de quién?

COM SER UN MAG DE L'HUMOR

per Andrés Iniesta

Ya sabéis que soy el rey de la fiesta, mi expresividad siempre risueña ya delata que siempre estoy de cachondeo, ¿no? Puah... mogollón diría yo. Es por eso que al estar siempre de cháchara mucha gente me para por la calle y dice que quiere ser como yo. Pues bueno... Así que he pensado, que como soy siempre alegre como unas castañuelas, hoy os voy a enseñar mis **MEJORES** chistes. ¿Vale? Pues... bufff... ahí van...

Hola, ¿está Félix? No, está trixte.

Había una vez un chiste tan malo, tan malo, tan malo, que le pegaba a los chistes más pequeños.

Había un tío tan feo, tan feo, tan feo que su cara hacía llorar a las cebollas.

Había un tío tan optimista, tan optimista, tan optimista, que cuando le dio un infarto dijo que era una corazonada.

Había un tío tan viejo, tan viejo, tan viejo, que de joven vio el arco iris en blanco y negro.

¿Qué es una orilla? Sesenta minutillos...

¿Sabes cómo dejar a un tonto intrigado? Mañana te lo cuento.

Van dos y cae el del medio.

¿Cuál es la fórmula del agua bendita? H. Dios. O.

Va un barco a un muelle y rebota.

Un hombre entra en un bar de pinchos
y ¡ay! ¡uy! ¡ay! ¡uy! ¡uy! ¡ay!

¿Qué se pone Superman después de ducharse?
Superfume.

Entra un esqueleto en un bar y pide
una cerveza y una fregona.

No es lo mismo dos tazas de té
que dos tetazas.

Había una vez un señor tan gordo, que cada vez
que daba una vuelta era su cumpleaños.

Una señora tiene un perro que se llama Mistetas.
Un día se le pierde y se acerca a un agente de
policía, al que pregunta:
—Perdone, ¿ha visto Mistetas?
—No, pero me gustaría verlas...

—Mamá mamá, en el cole
me llaman dientes largos.
—Anda niño, calla y súbete a la silla
que me rayas el suelo.

—Y tú, ¿cómo te llamas?
—Yo, Bienvenido.
—Anda ¡como mi felpudo!

Durante el show, de vez en cuando no lo puedo evitar, se me escapa alguna sonrisa que otra.

Cómo se dice flaco en japonés.
Yocomopoco.

Había una vez una vaca que se comió un vidrio,
y la leche le salió cortada.

¿Qué es una oreja? Sesenta minutejos.

¿Cuál es el colmo de los futbolistas?
Tener un hijo pelota.

—Torre, torre de control, tengo un problema,
se me han parado los dos motores
y tengo fuego en la bodega.
—Díganos altura y posición.
—Altura 1,78; posición: de rodillas y rezando.

Mamá, pan. Y se murió.

Era una señora tan fea, tan fea, tan fea, que cuando mandó su foto por correo electrónico... la detectó el antivirus.

¿Qué le dice un gusano a otro?
Vamos a dar una vuelta por la manzana.

¿Cuál es el colmo más pequeño? El colmillo.

Disimula.... y la mula dijo sí.

—¡Hola! Venimos de Marte.
—¿De marte de quién?

—Mira hijo, en esa rama hay un búho.
—Papá, cógemelo que yo no púo.

No cabe duda, y duda se fue en otro coche.

¿Dónde cuelga su ropa superman?
En superchero.

¡Fuego a discreción!
Y discreción murió quemado.

No es lo mismo decir se avecina una tormenta que se atormenta una vecina.

Llega Jaimito con su mamá y le dice:
—¡Mamá, mamá! En la escuela me llaman Backstreet Boy.
—¿Quiénes, Jaimito?
Y Jaimito dice: "Everybody......"

Había un hombre tan, tan, pero tan, que se creía campana.

Un hombre entra en un bar y dice:
—Me pone un café corto.
Y el camarero le responde:
—¿Con leche? Cambio.

—Oye tú, ¿de dónde eres?
—Yo, de Madeira.
—¡Anda, como Pinocho!

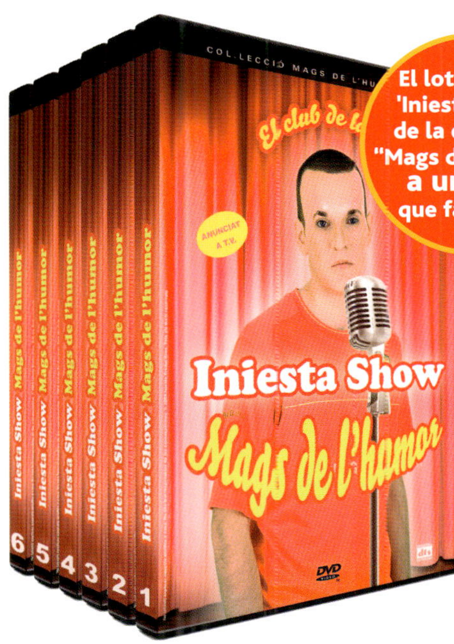

El lot de DVDs 'Iniesta Show" de la col·lecció "Mags de l'humor" a un preu que fa riure!!!!

Compra'l ja! Autèntic humor blanc!

feisbuk

Inici · Perfil · Amics 3.432 · Safata d'entrada · Configuració · Cercar

¡Qué miras, tontopollas!

Raúl Tamudo

Mur | Informació | Fotos +

Informació

Naixement:
19 / Octubre / 1977

Sexe:
¡Cómo no!

Població:
Santa Coloma de Gramenet

Un mandatari famós:
Yo. ¿Hay alguno más?

Un llibre:
"Los tontopollas de la Tierra"

Amics

3.432 Amics — **Veure tots**

Luis García

Daniel Sánchez

Sergio Ramos

Víctor Valdés

Mauricio Pochettino

Escupi

---

18 gener
Raúl Tamudo està en una relació amb **Luis García**

18 gener
Raúl Tamudo ha rebut una bufetada de la promesa

18 gener
Raúl Tamudo ha confessat que estava de broma

18 gener
Raúl Tamudo ha rebut un petó de la seva promesa

18 gener
Raúl Tamudo està en una relació amb la seva promesa

18 gener
Raúl Tamudo ha rebut una bufetada de **Luis García**

Pochettino ha escrit:
Tamudo, he pensado para este domingo en un 4-4-2. ¿Qué te parece?
Enviat avui a les 13:17

Pochettino ha escrit:
No, no hablaba de táctica. La táctica, la que tú digas. Yo hablaba de 4 cervecitas, 4 tapas i 2 acompañantes para ir al cine. Pero claro, si hay fútbol y jugamos....
Enviat avui a les 13:22

Raúl Tamudo ha publicat 2 fotos:

feisbuk Inici | Perfil | Amics 23.130 | Safata d'entrada | Configuració | Cercar

Vicente Boluda (Balambambú!)

Balambambú!

Mur | Informació | Fotos +

Informació

Naixement:
31 / Març / 1955

Sexe:
Home

Població:
València

Una floreta:
"¡SANTA MARÍA, qué PINTA tiene la NIÑA!"

Un llibre:
"Los pilares del Mar"

Amics

23.130 Amics — Veure tots

Juan de Ramos

Sergio Ramos

Ramón Calderón

Pedja Mijatovic

Juan Salvador

Huntelaar

15 febrer

Vicente Boluda s'ha unit al grup **"Com posen els vaixells dins les ampolles de vidre?"**
67.980 flipats

20 març

Vicente Boluda s'ha unit al grup **"¡Grumetes a las jarcias!"**
4.320 piratas fans

22 març

Vicente Boluda s'ha unit al grup **"¡Izad esos cabos! ¡Largad trapo de mesana! ¡Por allí resopla!"**
4.320 piratas fans

25 març

Vicente Boluda s'ha ba xat l'aplicació "Hundir la flota"

Vicente Boluda ha publicat 4 fotos:

feisbuk Inici | Perfil | Amics 47.180 | Safata d'entrada | Configuració | Cercar

Shhhhhhiuuuuuuuu.

Informació

Naixement:
14 / Juny / 1987

Població:
Rosario, Argentina

Religió:
Rosario también. Paso el rosario para que no me lesionen

Un llibre:
"Los golazos de la Tierra"

Amics

47.180 Amics — Veure tots

Joan Laporta

Diego A. Maradona

Cristina Cubero

Lionel Messi - Aunque me llaman 'Leo', como la primera persona de presente de Indicativo de leer. Por cierto, ¿qué es 'yegir'?

Mur | **Informació** | **Fotos +**

13 setembre

Messi s'ha unit al grup **"Tinc més blaus a la cama que el poble dels barrufets"**
23 fans

14 setembre

Messi s'ha unit al grup **"No sé què passa però sempre surto mogut a les fotos"**
456 fans

15 gener

Messi té una petició d'enemistat de **Sergio Ramos**
[Driblar] [Fer-li un túnel] [Fer-li un barret]

16 febrer

Messi té una petició d'enemistat de **Carlos Kameni**
[Fer-li una vaselina] [Fer-li un gol per l'escaire]

Maradona ha escrit:
Este martes hay partido amistoso de la selección, y coincide con partido de Champions del Barça. Dile a Guardiola y a Laporta que... no sé... que estás indispuesto en casa, que agarraste el sarampión, que tienes que ir al zoo con tus hijos que se lo prometiste... ¡Ay no, que no tienes! Qué fallo, pero bueno, como dicen acá los catalanes "Quién es de Boca, se equivoca" o algo así... Bueno... yo qué sé, inventate una excusa, pibe, y te pasas. ¿Ok? Nos vemos, ¡chao!
Enviat ahir a les 13:24

Laporta ha escrit:
Ni se t'acudeixi!!! (Ah, és el que té el Feisbuk, que es pot xafardejar. Apa, vaig a entrar al Feisbuk del Ferran Adrià a veure què fa per sopar.)
Enviat avui a les 12:46

feisbuk Inici | Perfil | Amics 23.915 | Safata d'entrada | Configuració | Cercar

Veure fotos de Guti (1.489)

J.M. Gutiérrez "Guti"

Mur | **Informació** | **Fotos +**

18 febrer

Guti s'ha unit al grup **"I love bailar en los podiums de las discotecas"**

6.782 fans i 13.980 gogos

20 març

Guti s'ha unit al grup **"Tengo más tatuajes que Michael Scofield de Prison Break"**

45.432 fans

Sergio Ramos ha escrit:
Perdona, ¿tienes mi novia por ahí? Creo que sin querer me confundí y me fuí con la tuya y la tengo al lado. ¿La tuya tiene un lunar en el hombro o esa era la mía?
Enviat avui a les 18:41

Juande Ramos ha escrit:
Guti, tomorrow entrenation a las 10 para que you puedas sleep una hour más. ¿Valetions?
Enviat avui a les 14:03

Guti ha publicat 1.489 fotos:

Informació

Naixement:
31 / Octubre / 1976

Sexe:
A todas horas si es posible

Població:
Torrejón de Ardoz

Un llibre:
"Me gustan todas las chicas llamadas Pilar de la Tierra"

Amics

23.915 Amics — Veure tots

Sergio Ramos

Ramón Calderón

Drenthe

Pedja Mijatovic

¡Ese culito guapo!

Me pierdo

ELS ARTICLES DE JOHAN CRUYFF

LOS CAMISETOS DE HOY EN DÍA

Un momento *dao*, el fútbol de los años *novento* y de los años dos mil, ha cambiado mucho respecto a los de los años ochenta. Automáticamente, los dorsales de los *camisetos* ya no van como antes del 1 al 11 sino que van del 1 al 99. ¡Qué barbaridad, si es que son más variables que la velocidad en la Autov´a de Castelldefels!

Coño, si es que el árbitro cuando apunta a quién le ha sacado *un* targeta *amarillo*, en realidad lo que hace es rellenar combinaciones de la lotería primitiva, del euromillón y de la 6/49. ¡Oh, y encima les toca, por eso son tan chulos, van *sobraos*!

Si es que, un momento *dao*, vas al Camp Nou y cuando el *speaker* canta las alineaciones, te confundes, no sabes si estás en un partido de fútbol o en el Bingo del *lao* de tu casa.

A mi me pasó el otro día.
"Atenció si us plau, les alineacions del dia d'avui són: Pel Futbol Club Barcelona: 1, Valdés; 5, Puyol; 22, Abidal; 15, Keita..."
Y yo:
"¡Líneaaaaa! ¡Líneaaaa!"
I el Speaker:
"¡Han cantado línea! Seguimos para Bingo. 10, Messi; 14, Henry..."

Si es que uno se confunde. Bueno, y lo mismo en el Bingo.
"15, la niña bonita; 22, los dos patitos..."
Y yo...
"¿Cómo? ¿Y Eto'o no juega? ¿Está *lesionao*?"

¡¡¡Si es que esto es un desastre!!!
Ha llegado a tal punto esto de los números en los *camisetos*, que hay jugadores que llevan el número 28 todos los años, menos en los años bisexuales, esos que tienen un día más, que se lo cambian y se ponen el 29. Sí, sí. Bueno, y luego hay aquellos jugadores que todos van con un número negro en la espalda menos ellos, que van con un número rojo.
"¿Y eso?"
"¡Oh, es que yo me llamo Domingo!"
¡Jejejeje, como un *candelabrio*!

Automáticamente, todo esto, lleva a confusión. Es un peligro. Al final tienes que ir al fútbol muy concentrado y no dispuesto a disfrutar del partido para que no te suceda *ningún* cosa.

Se ve que el otro día en un partido de la Juventus, que van rayados blancos y negros, con tanto número y tanta raya, cuando formaron una barrera en una falta, ¡saltó una cajera de un súper de la grada y los marcó con un lector de códigos de barras!
"Són 6 euros con 13 céntimos. ¿Tiene la targeta cliente?", le preguntó al árbitro.

¡Si es que dónde vamos a ir a parar!

Antes era todo más facilón: el 1 era el portero, el 2 el lateral derecho, el 3 el lateral izquierdo, el 4 un central... Ahora el 99 es el portero, el 34 un lateral, el 56 un delantero y el 69... el 69 cada uno en la intimidad de su hogar, que luego todo se sabe.

Els articles de Johan Cruyff

¿ANIMAR EN EL CAMP NOU?

Siempre se ha dicho que la gente que va al campo del Barça no grita. Esto es *mentiro*. Los asientos son tan *estrechas* entre fila y fila que el otro día me pisaron el pie siete veces. ¡Anda que no grité! Si hasta el árbitro paró el *partida*, miró hacía la grada y me sacó una tarjeta. Concretamente la tarjeta de su callista. Y eso que creo que no estoy sentado en el fila de toda la familia de Antonio Canales, pero ¡menudos pisotones!

Se dice que *el* afición blaugrana no anima. Esto es uno. Es *el* que yo llamo afición "almorranera", que sufre en silencio en sus asientos. Y aquí se abre el eterno debate. ¿Es *el* afición que debe animar a los *jugadoros* con sus gritos o son los *jugadoros* que deben animar al público con su buen juego? Lo que está claro que nunca deben ser los *jugadoros* que animen al público con sus gritos ni el público a los *jugadoros* con su juego. Eso ya lo harán luego, después del partido, en el Bingo o en *el discoteco* de turno.

En un momento dado, animar es fácil, sólo tienes que gritar al unísono: "Barça, Barça, Barça". ¿Que te meten un gol? Automáticamente, no desmoralizarse y gritar más para animar: "Barça, Barça, Barça".

¿Que te meten otro? Gritan con más fuerza: "Barça, Barça, Barça". ¿Que te meten otro? Bueno, luego yo cantaría "Basta, Basta, Basta".
Però no dejaría de gritar, esto es uno.

El *problemo* de animar es: ¿Quién empieza?¿Cómo se hace? ¿Te encuentras una octavilla en el asiento que pone el horario de los gritos?
Minuto 8: Barça! Barça! Barça!
Minuto 13: ¡Uuuhhh fuera! ¡Fuera! Fuera.
Minuto 15: ¡¡¡Uuuuyyyy!!!
Minuto 17: Árbitro comprao, pito regalao.
Minuto 25: Gooool!!!
Minuto 26: Messi! Messi! Messi!
Minuto 34: Guruceta! Guruceta!
Minuto 45: ¡Pita ya! ¡Pita ya!
Minuto 56: Barça! Barça! Barça!
Minuto 59: Gooool!!!

Minuto 63: "1899 és el club que porto al cor, blaugrana són els colors: Futbol Club Barcelona, la la la la la la la la la la la..."
Minuto 72: ¡Olé! ¡Olé! ¡Oooolé! ¡Ooooolé! ¡Ooooolé!
Minuto 80: Pedrito! Pedrito! Pedrito!
Minuto 94: Barça! Barça! Barça!

No, ¿verdad? Que yo sepa Nostradamus no es simpatizante del Barça.

Por eso, yo entiendo que es mucho complicado que todo el campo anime.

En los otros campos de *primero* división, cómo son tan pequeños, es más *sencilio*. Uno se levanta y grita: "Chicos, cantemos: «A segunda, ¡oeee! A segunda, ¡oeee!»". Automáticamente, todos le oyen y cantan: "A segunda, ¡oeeé! A segunda, ¡oeeé!" ¡Fácil! ¿Quién mandó hacer el Camp Nou tan grande? ¡¡¡Así no hay quién anime!!!

Bueno, claro que los campos pequeños tienen también su *desventajo*, que luego está el que vende refrescos y grita "refrescos y bocadillos" haciendo su trabajo y al cabo de un segundo todo el campo grita "Refrescos y bocadillos, ¡oeeé! Refrescos y bocadillos, ¡oeeé!". Se crea confusión.

En fin, animar es muy difícil, que cada cual haga lo que buenamente pueda. Como dijo aquel árbitro de fútbol: ¡Haré lo que me salga del pito!

Els articles de Johan Cruyff

TENIR *UNA* BON *EQUIPA*?

Mucha gente se pregunta cómo es que con el tiempo que hace que estoy aquí no hable aún el catalán. ¡Pero si tampoco hablo el castellano! Jejejejeje... La verdad es que sí que sé, y es por eso que, sin ayuda de Joan Patsy, voy a hacer este artículo en *el lenguo* de Salvador Espriu.

En un moment donat, al Camp *Novo* s'està vivint un molt bon futbol. L'*equipa* de Guardiola ha fet que els aficionats tinguin sempre la gallina de pell. I no és que un *palom* faci *verà*, no, el Barça està demostrant ser *una equipa* molt regular. Però no un regular de "Ho he fet bé? No, ho has fet regular" sinó de que sempre fa el mateix. "Bé. Bé. Bé. Bé. Bé. Bé. Bé". (No estic imitant *el Queca* del Puyol, és *una* exemple).

Per jugar bé es necessiten *alguns* coses fonamentals:
- Un bona presipipi... precipi... predispi... predispisi... pre... ganes! Tenir-ne *molts* ganes!
- També es necessita *una* bon entrenador.
- Un *entorno* que no desist... desestibi... desastibil... desastevili... desestipilitsi.. des... ¡*que no le dé a la sin hueso*! Que no critiquin.
- *Hablar* bé.

El última cosa que he *dich*, ja es compleix, perquè jo ara no acostumo a criticar. Hehehehehehe... tinc feina jugant a fer el *golfo*. No el *golfo* que fa el Rexach, sinó allò que tens un pal a la mà i has de posar *el* piloteta en un *hoy*.

La penúltima cosa ja la tenim, Guardiola és *una* gran entrenador. Es deia, en un moment donat, que no tenia experiència, i tot i que sigui *ciert*, no li fa *falto*.

I *el primer* cosa s'està veient que també es compleix. Els *jugadores* tenen ganes de guanyar, són *ambissosos*. Amb això aconseguit, ja tens mitja lliga guanyada.

Els *jugadores* són amics *dentr* i fora del terreny de joc. Això és un. Amb això aconseguim que s'entenguin només amb *un* mirada. El dia que fitxin el Trueba això ja no passarà. La demanarà al peu i tothom es pensarà que vol que la tirem fora. Els *recogepilotes* aniran de cul.

Que bé s'entenen Alves i Messi, que bé s'entenen Puyol i Márquez, que bé s'entenen Xavi i Iniesta... l'única cosa que no s'entén són *els* rodes de premsa de Cáceres. Jo parlo malament, però ell va tan ràpid i es menja *tantos* paraules que sembla que tingui una llaga a la boca i la saliva se li hagi convertit en vinagre. Però què coi diu?

Si és que quan ha de manar la defensa i diu *"Chicos, vamos a tirar el fuera de juego"* només s'entén *"Chicosrarfuerjugo"*. El temps que Puyol i Valdés diuen "Què?" la pilota ja és dins de la nostra porteria. I algun despistat, com el Hleb, li porta un *jugo* de taronja. "*¿Has dicho que querías un jugo?*".

Per *lo tanto*, en un moment donat, a la llista de coses que he anomenat *ants*, és important aquesta, *hablar* bé.

Jo, a la meva època no em feia falta, no em calia passar-la a ningú, ja m'ho feia tot *solo*. Amb el Charlie Rexach ens enteníem només amb *un* mirada i no em calia parlar amb ell. Si l'hi volia passar i ell estava amb els ulls *cerrats* és que estava dormint. Per tant, per què despertar-lo? Ja m'ho feia tot *solo* i no li passava *el* pilota.

El futbol no ha canviat tant! I escriure aquest article tampoc ha canviat tant. El català no és gaire més difícil que el castellà, fins i tot és molt més bonic. El Word no para de subratllar-te paraules en vermell i *colorea* la pantalla de l'ordinador d'una manera que queda molt guapa. Estic fet un Van Gogh de la literatura catalana.

Els càntics del Crackòvia

Amics crackovians, la música als estadis de futbol és un element indispensable. M'atreveixo a dir que el futbol i la música no poden viure l'un sense l'altre. I ho dic amb coneixement de causa, fixeu-vos-hi: l'himne del club que sona a cada partit, les cantades que fa la defensa i el porter, els concerts de xiulet d'un àrbitre maldestre, jugadors grassonets que més aviat semblen sopranos d'òpera, jo que he estat capaç d'omplir el Camp Nou, cosa que no ha arribat a fer mai el Barça de Van Gaal ni el Joan Manuel Serrat.

Aquesta unió futbolisticomusical em fa plantejar-vos una juguesca. Us proposo uns quants càntics perquè els traslladeu als estadis de futbol. En sou capaços? Els arribarem a sentir al camp del Barça o de l'Espanyol? El repte està llançat, tot depèn de vosaltres! Som-hi!!! Assassiiiins!!!

Lluís Llach

CÃNTICS PER CANTAR AL CAMP DEL BARÇA

CÀNTIC A SEYDOU KEITA

Amb la música de la cançó "IN THE NAVY"

Seydou Keita!
L'afició sempre està amb tu
Seydou Keita!
Ets un tio collonut
Seydou Keita!
El Puyol quan parla amb tu
et diu Keiteee,
Ets el Keiteeee!!!

(PICAR DE MANS)
Plas, plas, plas
plas, plas, plas
plas, plas, plas, plas
plas, plas!

CÀNTIC A SAMUEL ETO'O

Amb la música de la cançó "OBÍ, OBÁ, CADA DÍA TE QUIERO MÁS"

Samuel!
Eto'o!
Ets un tros de jugador
Samuel Eto'o, Eto'o, Eto'o
el pichichi del campió
Eto'o, Eto'o, Eto'o, Eto'o
marques de cap i de taló

Samuel!
Eto'o!
És impossible fer-ho millor
Samuel Eto'o, Eto'o, Eto'o
tots els defenses et tenen por
Eto'o, Eto'o, Eto'o, Eto'o
fas pujar un gol al marcador

CÀNTIC A LIONEL MESSI

Amb la música de la cançó "FOLLOW THE LEADER"

Follow the Messi, Messi, Messi.
Follow the Messi

'síguelo'.

Follow the Messi, Messi, Messi
Follow the Messi.

I ara tot el Camp Nou una mà enlaire!
Una mà enlaire!!!

Follow the Messi, Messi, Messi.
Follow the Messi

'síguelo'.

Follow the Messi, Messi, Messi.
Follow the Messi.

I ara tots cap a la dreta
i cap a l'esquerra!
(MOVENT LA MÀ CAP A LA DRETA I CAP A L'ESQUERRA)
Dreta!
Esquerra!
Dreta!
Esquerra!
Dreta!
Esquerra!

Follow the Messi, Messi, Messi.
Follow the Messi

'síguelo'.

Follow the Messi, Messi, Messi.
Follow the Messi.

I ara tot el Camp Nou un crit!!!

Messiiiiiiiiiiiiiiiiiiiiiiiiiiiiiiiiiii!!!!!!!!

Follow the Messi, Messi, Messi.
Follow the Messi

'síguelo'.

Follow the Messi, Messi, Messi.
Follow the Messi.

CÀNTICS PER CANTAR AL CAMP DE L'ESPANYOL

CÀNTIC A RAÜL TAMUDO

Amb la música de la cançó "CHIHUAHUA"

És el gran capità: Tamudo!
No para de golejar: Tamudo!
A qui hem d'animar? Tamudo!
Rauuúl Tamudo!

De l'equip és el millor: Tamudo!
A l'escut li fa un petó: Tamudo!
No sap mai dir que 'No': Tamudo!
Rauuúl Tamudo!

(ANANT CAP A UN COSTAT I CAP A L'ALTRE PER LA GRADA)
Ta ta ta ta tà: Tamudo!
Ta ta ta ta tà: Tamudo!
Ta ta ta ta tà: Tamudo!
Ooohhh Tamudo!

CÀNTIC A LUIS GARCÍA:

Amb la música de la cançó
"SI YO TUVIERA UNA ESCOBA"

Si yo fuera Luis García
Si yo fuera Luis García
Si yo fuera Luis García
Si yo fuera Luis García
¡Cuántos goles marcaría!

Primero
a quien marcaría yo primero
sería al Futbol Club Barcelona
goleando siete a cero
'I que baixessin a segona'!!!

Segundo
a quien marcaría yo segundo
otra vez al Barcelona
goleando siete a cero
'En una gran final de Copa'!!!

¡Si yo fuera Luis García!
¡Si yo fuera Luis García!
¡Si yo fuera Luis García!
¡Si yo fuera Luis García!
¡Cuántos goles marcaría!

CÀNTIC A CARLOS KAMENI

Amb la música de la cançó "EL MEU AVI"

El Kameni
El Kameni
El Kameni

El Kameni sempre atura
la pilota que han xutat
mana més que un gos d'atura
és la defensa el seu ramat.

Amb el Kameni a la porta
i la resta de l'equip
podem lluitar per la lliga,
les diferents copes
i la Champions League.

CÀNTICS PER CANTAR AL CAMP DEL MADRID

CÀNTIC PER TOT L'EQUIP

(Oració)

Àrbitre nostre que esteu en el camp
sigui santificat el vostre nom.
Que ens afavoreixin les vostres errades.
Faci's la nostra voluntat,
així al Bernabéu
com en altres camps.

El nostres gols de cada partit,
concediu-los encara que siguin en fora de joc.
I perdoneu les nostres faltes
així com nosaltres no perdonem
les cames dels nostres rivals.

No permeteu que nosaltres caiguem
en zona de descens,
ans deslliureu-nos de xiular-nos en contra un penal.

Madrid!

CRACKÖVIA

DICCIONARI NUÑETÀ

El *Crackòvia*, sempre amb vocació de servei, posa a la vostra disposició el primer diccionari "Català-Nuñetà / Nuñetà-Català", una eina indispensable per sobreviure a les grades de l'estadi del F.C. Barcelona i/o al bar on l'expresident va a prendre un tallat i a llegir el *Mundo Deportivo*. Perdó, volia dir: va a prendre un tallat i a llegir el *Mundoportivo*, tal com seria en Nuñetà correcte.

CATALÀ	NUÑETÀ
Frankfurt	Frànsfur
Sandvitx	Sangüis
Un sandvitx de pernil i formatge	Un sangüis de pernil i quès
Diners	Buà... buà... buà
Euros	Buà... buà... buà
Dòlars	Buà... buà... buà
President	Pecident
Jo no m'ho puc permetre	Jo no m'ho puc permitir, no?
M'han dit...	Se'm va dir... / Me s'ha dit...
El Bojan Krkic està en fora de joc	El Johan Cric-cric està en fora de lloc, no?
Avui sí que animen els Almogàvers	Avui sí que animen els Almorranes, no?
El camp és una olla a pressió	El camp és una olla a traïció
El Camp Nou fa l'onada	El Camp Nou fa l'ola, no?
Hem deixat escapar el Ronaldinho	Hem deixat escapar el Ronaldito, eh?...eh? ...eh?
Avui juguem contra l'Sporting de Gijón	Avui juguem contra l'Esportin de Hong Kong, no?
Aquest camp és un polvorí	Aquest camp és un polvoró, no?
Tinc calfreds	Tinc escalofritos
Dóna'm crispetes	Dóna'm crispitas, no?
Per suposat	Pressupost
Hem guanyat al Rayo Vallecano	Hem guanyat al Rayo Vaticano, eh?
Això és molt greu	Això és gravíssim, no?
M'he comprat un mp3 per escoltar música	M'he... buà... buà... buà... un licor 43 per escoltar música, no?
Propina	ns/nc
Dimissió	Demissió
Laporta	Demissió
Jan	Demissió
Jan Laporta	Senyor Elefant
Gaspart	Vispresident

Receptari de Cuina

La cuina crackoviana és rica en calories, proteïnes i tot el que acabi en '-ines', menys el fuet, que sol acabar en un cordill.

La base és la cuina mediterrània, en què juga un paper essencial l'oli d'oliva de les Borges Blanques, l'oli de cotxe de Montmeló, i l'oli corporal de la Costa Brava, que pot amanir qualsevol plat per convertir-lo en un exquisit fenomen culinari apte per a qualsevol comensal exigent.

Els productes de la terra hi juguen un paper crucial, per tant si us trobeu qualsevol cosa per terra, no dubteu a ajupir-vos i tirar-ho a la cassola.

Si voleu ser un esportista de cap a peus, seguiu les nostres receptes i feu dieta. Si fins i tot en Joan Manuel Serrat va escriure, gràcies a això, una de les seves més famoses cançons: "La Dieta". ...Ah no! era "La Tieta". Ok, no he dit res!

Chilaquiles LIGHT

per RAFA MÁRQUEZ

¡Ei, güei! Muchos son los que dicen que la cocina mejicana es muy picante. Pues guácala macho, esto es muy chingado, es muy relativo, aquí les dejo, güei, un plato mejicano light que no pica absolutamente nada y que yo tomo antes de cada partido.

Dificultat:

Baixa (qualsevol nen de 3 anys que tingui un màster en restauració podria fer-ho).

Ingredients:

- **Bitxo**
- **Chile poblano**
- **Chile Rojo**
- **Totopos**
- **Jitomate**
- **Ceba**
- **Lava líquida**
- **Tequila**
- **75cl. de Tabasco**
- **Tacos de Chipotle**
- **Pebrots**
- **Un pessic d'urani enriquit**

Preparació:

Amb una paella una mica grossa posarem a escalfar oli. Un cop l'oli estigui calent, abaixem el foc i hi afegim 7 o 8 bitxos per torrar-los.

Tanquem la porta de la cuina i no obrim l'extractor, per no perdre tota l'olor que pot desprendre, és essencial.

Quan estiguin enrossits, els tirarem una mica de tabasco i uns trossets de pebrot per sobre. Ho deixarem tres minuts més al foc, vigilant que no se'ns cremi amb els ulls oberts sense parpellejar a tres centímetres de la paella.

Seguidament, pelarem 5 cebes i les tallarem a daus. Les llàgrimes que ens caiguin dels ulls, les recollirem amb una tasseta per fer la salsa. Hi barrejarem 250 g. de pebre negre i 2 unces de pebre vermell per cada centilitre de llàgrima. Ho barrejarem ben barrejat amb un rajolí de vinagre, mentre cantarem una ranxera per amenitzar la vetllada. Als plats de cuina se'ls ha de cantar perquè surtin bé... o era a les plantes?

En una cassola de terrissa plena de lava líquida, fregirem els pebrots (els de cuinar) amb les cebes tallades a daus. Quan estigui tot enrossit hi afegirem un litre de tequila i ho deixarem reduir.

Un cop reduït, hi posarem el chile poblano, el chile, els totopos i el jitomate, que podem trobar sense dificultat a qualsevol botiga (fins i tot a la ferreteria de la cantonada) i ho deixarem escalfar el temps que es tarda a dir "Manito" 86 vegades seguides saltant a peu coix.

Ho posarem tot en un plat i ho amanirem amb la salsa de llàgrima i un polsim d'urani enriquit.

Obrirem la porta de la cuina, i servirem. Abans d'un minut s'ha de menjar perquè no perdi el gust i perquè aquest plat fred no val res, o perquè no vingui algú, en un moment de distracció, i se'ns el mengi, que hi ha molt bandarra bellugant pel món.

Ho acompanyarem amb una altra ampolla de tequila.

Guácala gacho! Tate! Un plato ligerito ligerito al estilo mejicano. Fácil, bajo en calorías y rico, rico, rico...

Caragols a la LLAUNA

per CARLES PUYOL

Cuinar no té secrets per a mi. CUINAR: paraula formada de tres consonants i tres vocals. Veieu? No té cap secret.
Que dius 'Schwarzenegger'... això ja té més secret, no m'aclareixo quantes vocals i quantes consonants té. Però cuinar, cuinar és fàcil.
Però si sóc lo puto mestre culinari en algun plat típic del nostre país, aquestos són los caragols a la llauna. Lo Keite quan ve a casa se llepa los dits. I no només los dits, també les mans, les cames, les potes de la taula, i un dia si no l'arribo a frenar a temps ja començava a llepar-li lo clatell a la meua pobra Queca.
Si voleu quedar bé amb los vostres convidats, aquí us passo la recepta.

Dificultat:

Normal (qualsevol persona amb dos dits de front podria no fer-ho).

Ingredients:

- Una llauna de refresc per comensal
- Caragols

Preparació:

Ens llevem a quarts de quatre del matí, anem a llaurar el camp, regar les tomaqueres, portar el bestiar a dalt de la muntanya a pasturar, munyir les vaques, recollir els ous de les gallines, i quan són cap allà quarts de set, despertar el gall perquè no s'adormi i pugui cantar just quan surti el sol.

Un cop fet això, desperts i en plena forma, anirem al bosc a buscar caragols. La nostra pudor de suat els atraurà. Només has d'estirar-te a terra immòbil. Quan en tinguem tot el cos ple, ens aixecarem i anirem cap a la cuina del mas, caminant a poc a poc i procurant que no ens caiguin.

Un cop a la cuina, obrirem la nevera i agafarem una llauna de refresc, d'aquelles de 33 centilitres. L'obrirem i en buidarem el contingut a la pica de la cuina. O si ets Carles Puyol a la Pica d'Estats. Ell hi puja en un moment fent un esprint i en dos minuts ja torna a ser a casa.

A partir d'aquí ve la feina laboriosa: és anar agafant caragols, posar-los damunt la llauna, on hi ha la ranura, i prement amb el dit gros introduirem els caragols, un per un, dins la llauna fins que aquesta estigui plena. Així amb tantes llaunes com convidats tinguem a casa.

I ja està.

Mare meua, és un plat senzill, senzill, senzill.

Lo problema és que a vegades vas xuclant de la llauna i sempre te'n queda algun enganxat al cul. De la llauna, clar! Però bé, si xucles fort, acaba sortint. Salut i bona cuina!!!

Escopinyes a l'estil ESPANYOL

per DANIEL SÁNCHEZ _LIBRE

Jo no diré que aquest plat, quan el faig a casa meva, no es mereixi 3 estrelles Michelin de cop i una al passeig de la Fama de Hollywood, però s'ho mereix.

Dificultat:

Alta (només a l'alçada dels millors cuiners).

Ingredients:

- **Una llauna d'escopinyes.**

Preparació:

S'agafa la llauna d'escopinyes i s'obre.

Se'n buida el contingut en un plat.

Se serveix a taula.

Mmmm... boníssim!!!
Altament sublim!!!

CRACKÖVIA

el cronista AUTOMÀTIC

En què s'assembla una alineació del Barça de Guardiola amb els diaris esportius? Molt senzill, que tant l'un com els altres ens sorprenen amb els titulars. (Aquest és meu, hehehehe...).

Bona nit, basquetmaniàtics! Segur que més d'un s'ha preguntat com coi s'ho fan els periodistes per fer les portades dels diaris amb titulars tan enginyosos. Doncs no és fruit d'una nit de disbauxa i descontrol a les redaccions dels diaris com molta gent es pensa. Es tracta, amics i amigues de l'esport, d'un programa informàtic especialitzat en aquesta mena de gestió, el software: *"Titular Generator 2.0"*.

Sí, sí, sí, basquetmaniàtics, heus aquí la mare dels ous. Una eina eficaç, pràctica i funcional per a tota mena d'ordinadors, tant per als que tinguin CD-Rom, com per a les màquines de periodistes fumadors compulsius que tenen Smoking Room o les més antigues que quan s'engeguen fan *Rooom Rooom*. El *"Titular Generator 2.0"* disposa, no només d'antivirus incorporat, sinó que també adjunta els seus propis virus! És una autèntica ganga! No cal disposar de connexió a Internet perquè t'infectin el teu propi PC!!! Això és fantàstic! A més, disposa d'una gran quantitat de bits (més de 10.000 bits, que equivalen a 10 bocabits), té memòria RAM, memòria en fase REM, memòria RAÏM, memòria de peix i memòria d'elefant.

Amb *"Titular Generator 2.0"*, els periodistes esportius poden crear els seus titulars fins i tot sense haver vist el partit, gràcies als diferents nivells i opcions d'aquest programa.

En fi, amics, veieu com no és tan difícil ser periodista? Ara només falta trobar un programa igual que sigui el *"Gol a Gol a Gol Generator 2.0"* i que vingui de sèrie amb el Windows, però en Bill Gates no està gaire per la labor. En tot cas, us deixo una mostra del programa que fa possible que els diaris esportius tinguin els seus famosos titulars.

Disponible per a Windows XP, Windows Vista, Mac, Nespresso i Thermomix.

Generar titulars
SENSE HAVER VIST EL PARTIT

El nivell senzill:
Els camps per omplir són menors i només amb la informació obtinguda gràcies a un amic o al teletext de la televisió en tens prou per generar un titular eficaç. La pantalla que hi trobem és la següent:

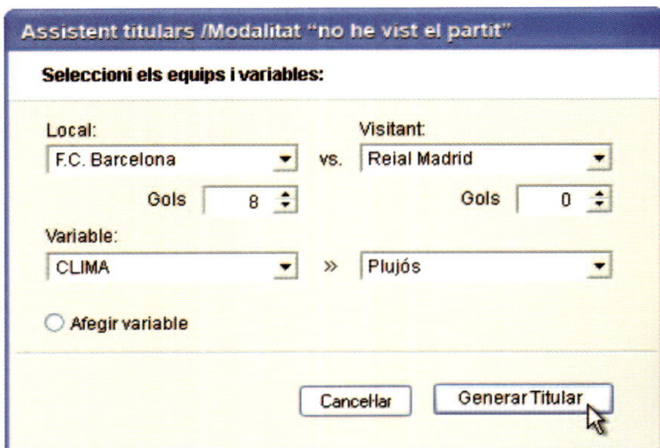

Barça / Reial Madrid
8-0
Partit amb pluja

El nivell mitjà:
Ideal per a la creació d'un titular més complex, no quant a longitud del text, sinó per aportar més informació en una sola oració. Es requereix que el periodista sàpiga el resultat i els golejadors únicament. La pantalla que hi trobem és la següent:

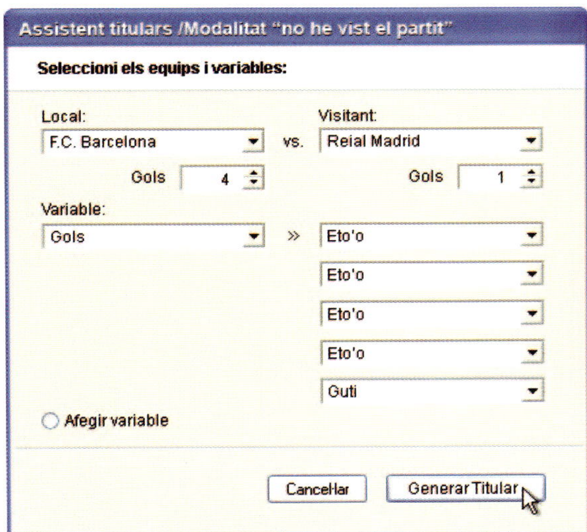

Barça / Reial Madrid
4-1
Eto'o (12')
Eto'o ('25)
Eto'o (67')
Eto'o (75')
Guti (91')

El nivell avançat:
Aquest nivell incorpora a la plantilla dades que sense haver vist el partit ens puguin ajudar a fer un titular impactant. És per això que l'hora o la data del partit hi tenen un paper important.

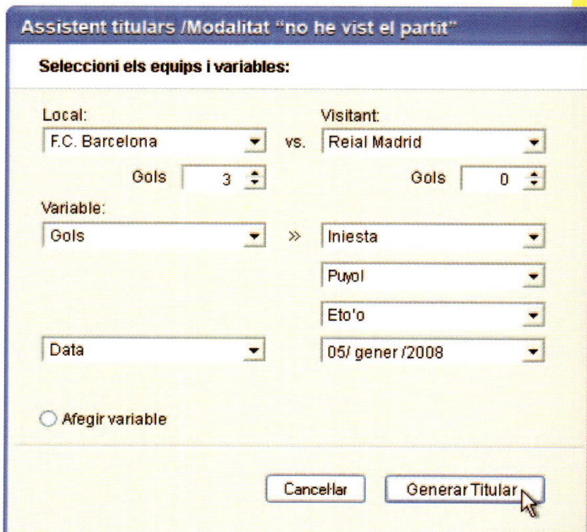

Barça / Reial Madrid
3-0
Iniesta (25')
Puyol' (37')
Eto'o (70')

Altres titulars suggerits:
"Trio de reis"
"El blanc, el ros i el negre porten carbó al Madrid"
"TREStosterona blaugrana"
"El Madrid pateix esTRES laboral"

I si els titulars surten del "*Titular Generator 2.0*", les cròniques esportives també tenen el seu progama:

CRÒNICA FÀCIL 10

Amb aquesta eina, les cròniques esportives ja no seran un maldecap per a cap periodista. Només cal seleccionar l'opció més adequada en cada camp desplegable.

N'hem extret una captura de pantalla a tall d'exemple:

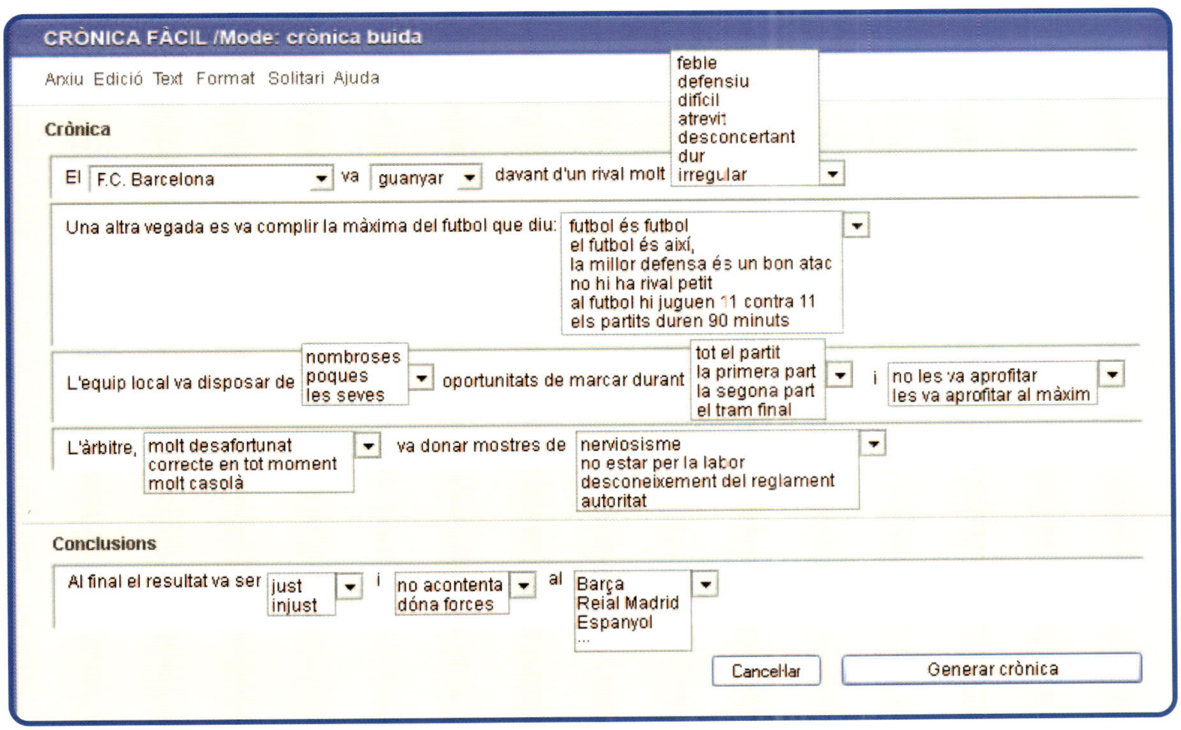

feisbuk. Inici Perfil Amics 33+ Safata d'entrada Configuració Cercar

¡A que te ficho!

'Pedja' Mijatovic

Mur | Informació | Fotos +

1 gener

Mijatovic ha creat el grup **"De cada dos jugadores que ficho, sólo uno se puede inscribir en la Champions. ¡50%, no está mal!"**

1 fan

12 gener

Mijatovic s'ha unit al grup **"Me patinan las neuronas, ¿será culpa de la gomina?"**

3.455 fans i 1 calb

Juande Ramos ha escrito:

Pedja, a ver si de face to la temporations que viene, you can fitxit a un very good delantaion middle.

Enviat avui a les 18:41

18 febrer

iBaY colegiados® 2009-2010 edition

Mijatovic ha rebut l'avís "Ja està disponible l'aplicació **"Compra Colegiados 2009-2010 en iBay"**

Pagar con cheque | Pagar con jamón | Aceptar | Ignorar

'Pedja' Mijatovic ha publicat 4 fotos:

Informació

Naixement:
19 / Gener / 1969

Sexe:
Con protección (con gomina)

Població:
Podgorica

País:
Montenegro

Un llibre:
"Somorra y Gomina" i "Los capilares de la Tierra"

Amics

33 amics i 345 perruquers

Ramón Calderón

Vicente Boluda

Juande Ramos

Drenthe

Guti

Sergio Ramos

feisbuk. Inici Perfil Amics 100 - Safata d'entrada Configuració Cercar

¡Al loro!

Joan Laporta

Mur | **Informació** | **Fotos +**

15 gener

Joan Laporta s'ha unit al grup **"Associació de criadors del Bacó Català"**
56.897 fans

20 març

Joan Laporta s'ha unit al grup **"Prohibim els arcs metàl·lics dels aeroports abans no agafi un refredat als 'baixos' "**
1 fan

Laporta té una petició d'amistat
Enviat avui a les 00:04

Acceptar | Ignorar

Laporta ha refusat la petició d'amistat de **Janine**
Avui a les 00:00

Laporta ha refusat la petició d'amistat de **Janine**
Avui a les 00:01

Laporta ha refusat la petició d'amistat de **Janine**
Avui a les 00:02

Laporta ha refusat la petició d'amistat de **Janine**
Avui a les 00:03

18 juliol

Alejandro Echevarría ha convidat **Joan Laporta** a unir-se al grup: **Fundación Francisco Franco**

Acceptar | Ignorar

Informació

Naixement:
29 / Juny / 1962

Sexe:
Home

Població:
Barcelona

Sobrenom amb què se'l coneix:
Jan

Sobrenom amb què no se'l coneix:
Conxita

Un llibre:
"L'últim llibre que m'he devorat ha estat Els pilars

Amics

~~100~~, ~~99~~, ~~98~~, ~~97~~, ~~96~~, 95...

Johan

Johan

Yoh An

feisbuk

Inici | Perfil | Amics 455 | Safata d'entrada | Configuració | Cercar

Mur | Informació | Fotos +

Vídeo

3 vídeos — Veure tots

¡No pasarán!

El rei de la casa

El meu club (de fans)

15 Jun 2003

Laporta ja no és amic dels **Boixos Nois**

02 Jun 2005

Laporta ja no és amic de **Sandro Rosell**, **Josep M. Bartomeu**, **Jordi Moix**, **Jordi Monés**

10 jul 2008

Joan Laporta ja no és amic de **Ferran Soriano**, **Marc Ingla**, **Albert Vicens**, **Xavier Cambra**, **Toni Rovira**, **Clàudio Vives-Fierro**, **Evarist Murtra**, **J. Ll. Vilaseca**

Ferran Adrià ha escrit:
Ei, paha Jan!? La teva comanda ja està en camí. Eren 6 menús complets, però només coberts per a una persona, no? ¡¡¡Marchando!!!

Enviat avui a les 18:41

Ramón Calderón:
¡Jan, me han embaucado!

Enviat el 19 juliol

Joan Laporta ha publicat 4 fotos:

feisbuk Inici Perfil Amics 76 Safata d'entrada Configuració Cercar

Escupi

Mur | Informació | Fotos +

Nyiiiigui Nyiiiiiiiiiii

Informació

Data d'envasat:
Novembre 2008

Data de caducitat:
Febrer 2050

Sexe:
En castellà masculí, en català femení

Població:
Llauna Dani

Un llibre:
"nyiii nyiiiiinyiguiiii nyigui nyiiii terra"

Amics

76 Amics — Veure tots

Daniel Sánchez

Musclo

Gamba

Ostra

Pop

Anfós

20 març

Escupi s'ha unit al grup **"No m'agraden les anxoves de l'Escala portades directament del Cantàbric"**
1 fans

20 març

Escupi s'ha unit al grup **"Quan em despisto i m'oblido d'una cosa sempre dic «Ostres»"**
3.345.432 fans

1 maig

Escupi té previst assistir a l'esdeveniment:
"XVI Concurs d'arròs a la marinera de Gratallops i comarca"
4.500 fans

Daniel Sánchez Llibre ha escrit:
Escupi, no entenc el que m'has escrit al meu mur.
Enviat avui a les 23:41

Ostra ha escrit:
Escupi, t'apuntes a una mariscada? Contesta alguna cosa abans de les dues.
Enviat ahir a les 10:09

Musclo ha escrit:
Escupi, han inventat una salsa que no va gens bé pel cutis, vigila!
Enviat el 08 de desembre a les 12:18

Escupi ha publicat 2 fotos:

feisbuk Inici Perfil Amics 13+ Safata d'entrada Configuració Cercar

Rafa Nadal

Mur | Informació | Fotos +

6-3 / 6-2 / 6-0. Següent!

Informació

Naixement:
03 / Juny / 1986

Sexe:
Home

Població:
Manacor

Favorit d'Internet:
No, no acostumo a 'pujar a la xarxa'

Un llibre:
"Els pilars de sa Terra Batuda"

Amics

13 Amics i 10.000 fans embogides

Xisca

Sergio Ramos

Ramón Calderón

Carles Puyol

Raúl Tamudo

Guti

11 gener

Rafa Nadal s'ha unit al grup **"El meu braç esquerre és més gros que les cuixes d'una soprano"**

23 fans menys **Roger Federer**

16 gener

Rafa Nadal s'ha unit al grup **"El tennis de taula és per a ganduls"**

2.456 fans menys **Roger Federer**

Xisca ha escrit:
Rafa, que sigui s'última vegada que ratlles es formatge parmesano amb sa raqueta!
Enviat avui a les 14:02

Xisca ha escrit:
Rafa, que sigui s'última vegada que escorres sos espaguetis amb sa raqueta!
Enviat avui a les 14:03

Xisca ha escrit:
Rafa, que sigui s'última vegada que treus ses pizzes des forn amb sa raqueta!
Enviat avui a les 14:05

Xisca ha escrit:
Rafa, deixa sa raqueta d'una vegada quan estiguis a casa!!!
Has ensorrat tots es botons des comandament de sa tele quan has intentat canviar de canal, no és ver?
És que és es colmo!
Enviat avui a les 14:12

CRACKÖVIA

mail@presidents.com

Gràcies a la informàtica, la relació entre presidents i ex-presidents de clubs ha estat molt més fluida. Lluny queden els temps en què el pregoner del Barça anava al despatx de president del Madrid amb una corneta: "Tirorí Tiroríííííí. ¡Se hace saber que el presidente del Barça no está dispuesto a vender a ningún jugadoooor!".

La majoria de presidents acabaven amb el cuc de l'orella mort, per no parlar de la lentitud del servei i dels quilòmetres que feia el pobre pregoner a dalt d'un ase per la geografia espanyola.

Ara, el correu electrònic ha pogut solucionar totes aquestes mancances. Aquí en teniu un bon exemple, dels temps moderns que corren, amb una conversa captada pels serveis d'espionatge crackovians sobre un intercanvi de correus electrònics.

Jan Laporta: Mail Informatiu

Archivo Edición Ver Herramientas Mensaje Ayuda

De: **Jan Laporta**; janlaporta@allloro.cat

Per a: vicenteboluda@balambambu.che; dani@conservesjomateix.es; ramoncalderon@dimitido.es; jllnuñez@totsonplorsivioles.com; jgaspart@amic.joan

Còpia CC: janine@secretariadelbarça.cat

Assumpte: **Mail informatiu**

Apreciats presidents i amics,
aquest correu electrònic és merament informatiu. He apujat les clàusules de rescissió de tots els jugadors que actualment tinc a la plantilla perquè haig d'estar al lloro! Al lloro!!! I ho he fet tant en el sentit més econòmic de la qüestió, com en el sentit literal. Ara les tinc al prestatge de dalt de tot de l'armari.

Molts rumors apunten que multitud de clubs, vist el bon joc que desplega l'actual Barça, volen endur-se les MEVES figures! No només els jugadors, fins i tot les del pessebre que tinc guardades al segon calaix de l'escriptori. Les he hagut d'encadenar com les de la Plaça Sant Jaume de Barcelona, aquest desembre passat vaig haver de posar el caganer dins la cova amb barba postissa perquè em van robar el Sant Josep.

Amics,
res ni ningú podrà endur-se cap dels MEUS jugadors!!!

Per tant, companys culers:
El president sempre vetlla per la bona gestió del club, ja ho veieu.

Per tant, enemics dels culers:
No us serà gens fàcil desestabilitzar el Barça. No em toqueu!

Per tant, Janine:
Ja he acabat de dictar-te aquest mail, pots pitjar amb el ratolí el botó que posa 'enviar'.

Atentament.

Jan Laporta!

Vicente Boluda: Re: Mail Informatiu

Archivo Edición Ver Herramientas Mensaje Ayuda

De: **Vicente Boluda**;vicenteboluda@balambambu.che
Per a: janlaporta@allloro.cat; dani@conservesjomateix.es; ramoncalderon@dimitido.es; jllnuñez@totsonplorsivioles.com; jgaspart@amic.joan
Còpia CC: pedjamijatovic@gomina.ya
Assumpte: **RE: Mail informatiu**

Che, Laporta i companyia!

Com a presidente del Real Madrid Club de Futbol, em sap molt de greu lo que me estàs contant, xiqüel·lo.

Me gustaría fichar a uno de tus grumetes para llevar a buen puerto el Real Madrid, había pensado en un pez gordo como Iniesta. Más, si me dices que no morderás el anzuelo, casi que acepto el naufragio de la operación e intentaré amarrar en otro puerto.

Sé de buena tinta (me lo ha dicho un calamar) que el Valencia (equip de la meua terra) está dispuesto a vender.

Recibe un remojón de mi parte:

Vicente Boluda (Balambambú)

Daniel Sánchez Llibre Re: Re: Mail Informatiu

Archivo Edición Ver Herramientas Mensaje Ayuda

De: **Daniel Sánchez Llibre**;dani@conservesjomateix.es
Per a: janlaporta@allloro.cat; vicenteboluda@balambambu.che; ramoncalderon@dimitido.es; jllnuñez@totsonplorsivioles.com; jgaspart@amic.joan
Còpia CC: escupi@ensalsa.esta
Assumpte: **Re: Re: Mail informatiu**

A mi el que faci l'altre club de la ciutat m'és absolutament igual!

He dit!

Jo no diré "atentament", però...

atentament:

Daniel Sánchez Llibre

Vicente Boluda: Re: Re: Re: Mail Informatiu

Archivo Edición Ver Herramientas Mensaje Ayuda

De: **Vicente Boluda**;vicenteboluda@balambambu.che

Per a: janlaporta@allloro.cat; dani@conservesjomateix.es; ramoncalderon@dimitido.es; jllnuñez@totsonplorsivioles.com; jgaspart@amic.joan

Còpia CC: pedjamijatovic@gomina.ya

Assumpte: **Re: Re: Re: Mail informatiu**

Et refereixes a l'Atlético de Madrid, che?

¿Esa flota de polizones?

Una capbussada,

Vicente Boluda (Balambambú)

Daniel Sánchez Llibre Re: Re: Mail Informatiu

Archivo Edición Ver Herramientas Mensaje Ayuda

De: **Daniel Sánchez Llibre**; dani@conservesjomateix.es

Per a: janlaporta@allloro.cat; vicenteboluda@balambambu.che; jllnuñez@totsonplorsivioles.com; jgaspart@amic.joan ramoncalderon@dimitido.es;

Còpia CC: escupi@ensalsa.esta

Assumpte: **Re: Re: Re: Re: Mail informatiu**

No, em refereixo al... ostres!, a l'altre club de la ciutat, no em facis dir noms, que no m'agrada! A més tinc un antivirus a l'ordinador ensinistrat per detectar aquest nom.

Jo no diré que "atentament" però,

atentament:

Daniel Sánchez Llibre

Josep Lluís Núñez: Serna?

Archivo Edición Ver Herramientas Mensaje Ayuda

De: **Josep Lluís Núñez;** jllnuñez@totsonplorsivioles.com

Per a: janlaporta@allloro.cat; vicenteboluda@balambambu.che; ramoncalderon@dimitido.es; dani@conservesjomateix.es; jgaspart@amic.joan

Còpia CC: no copio a ningú

Assumpte: **Serna?**

Perdoneu per no haver contestat abans, no m'ho podia permitir, no?

Fins avui no m'he adonat que tenir un compte de mail era gratuït, i pensava que si entrava em cobrarien... buà buà buà... 7 o 8 euros de les antigues pessetes, no?

Contestaré per parts:

- **Senyor Elefant**: Vull la seva demissió! Laporta demissió! Laporta demissió!

- **Senyor Boluda, platanobaloo**: El meu navegador d'Internet no em va bé, quan li va bé venir-me'l a arreglar? Vostè hi entén d'això, no? No em deixa navegar, no? Ara estic en un mister-cafè, no?

- **Senyor Sánchez Llibre**: S'està referint vostè al nostru Fumbol Club Barcelona, no? Eh? Eh? Eh? Poca broma! Fixi's vostè, que la ciutat porta el nom del nostru club! Som importants.

- **Senyor Penis Alargament**: no m'interessa comprar aquesta maquineta amb aquest preu tan desorbitat. M'ho pensaria si fos una miqueta més baratet, no?... uns... buà... buà... buà... 50 euros menys, no?... Pel mateix preu em compro dos dotzenes de frànsfurs, no? No m'ho puc permitir....

- **Senyor Casino Texas in Las Vegas**: Moltes gràcies pel seu oferiment, i per haver pensat en mi, però jo mai he jugat a cartes, no? Se'm dóna molt malament. Fixi's que la meva dona sempre em retreu que li enviés palomas me exageras d'amor i no cartes com la resta de la gent normal. Els segells són massa cars, no? Buà... buà... buà...

- **Senyor Mail En Cadena**: a banda de tenir un cognom molt estrany, no entenc què em demana... Diu que em caurà la tita a trossos si no faig què?

Atentament

Josep Lluís Núñez

JAN LAPORTA: Re: Serna?

Estimat Josep Lluís,

estàs contestant els missatges SPAM, no cal que ho facis. I si ho fas, no ens posis en còpia a nosaltres!

Pel que fa a l'apartat on posa "Assumpte", has de posar el títol que creguis convenient per al mail, no el cognom d'alguna persona que es digui Assumpte. No és cap concurs!

Atentament

Joan Laporta

Josep Lluís Núñez: RE: RE: Serna?

Ah, no era un concurs? Bueno... doncs... així no m'ha tocat res, no?

Buà... buà... buà...

Desconsoladament,

Josep Lluís Núñez

Joan Gaspart: RE: RE: Re: Serna?

Ànims president, per caritat humana.

Uoooohhhh,

Joan Gaspart

Josep Lluís Núñez: Un altre assumpte, no?

És que no hi entendré mai d'això de l'Internat i de l'ordenyador, no?

Per mi és un maldecap, Joan, i no m'ho puc permitir, no? Quan estic aquí davant estic tan desesperat que sóc capaç de barrejar beguda i pastilles, no? Ahir sense anar més lluny vaig barrejar una aspirina amb aigua! És gravíssim!

Atabalat,

Josep Lluís Núñez

Joan Gaspart: Vinga presi

Faci com jo, jo escric tot el que vull dir amb estil de lletra 'windings' i em parteixo el pit. Miri, ara escriuré "Laporta Dimissió!".

☹♋□□❒♦♋ ✋♓❍♓⬥⬥♓♌

Què li sembla?

Per caritat humana,

Joan Gaspart i tema sanjat

Josep Lluís Núñez: Un altre assumpte diferent, no?

Que divertit Joan! Vaig a escriure-ho 4 cops a veure si plega el senyor Elefant, no? Eh? Eh? Eh?

☹♋□□❒♦♋ ✋♏❍♓⬥⬥♓♌

☹♋□□❒♦♋ ✋♏❍♓⬥⬥♓♌

☹♋□□❒♦♋ ✋♏❍♓⬥⬥♓♌

☹♋□□❒♦♋ ✋♏❍♓⬥⬥♓♌

Divertidament,

Josep Lluís Núñez

JAN LAPORTA: Re: Un altre assumpte diferent, no?

A veure... Dimissió no s'escriu amb "♏" s'escriu amb "♓"

Si és que ni per aquestes! A veure si aprenem a escriure!

Que n'aprengui!!!

Atentament,

Jan Laporta

Josep Lluís Núñez: Un altre assumpte diferent, no?

Buà buà buà... el que dic... no hi entendré mai d'ordenyadors!

Buà, buà, buà...

LES AMERICANES IMPOSSIBLES de XAVIER SALA I MARTÍN

Estàs fart de gastar-te un ull de la cara en roba, per intentar ser l'atracció arreu on vas, i resulta que en Xavier Sala i Martín sempre et pren aquest honor? Ara ha arribat el moment de superar-lo! Amb la col·lecció "Primavera - Estiu" i la col·lecció "Hivern - Glaciació" d'americanes que no es posaria ni tan sols en Xavier Sala i Martín, seràs la sensació en tot moment.

Aquí en tens un petit mostrari. **Retalla una fotografia del teu cap i enganxa-la a sobre de cada model i comprova quina és la americana que més t'escau**.

AMERICANA MODEL PERIQUITO

El blanc sempre ha estat, en roba, símbol d'elegància i distinció, però per a l'economista barrejar-ho amb el blau és tot un sacrilegi. Segons ell, que sent els colors, el blau ha d'anar de la mà del grana en tot moment. Enfunda't doncs en una americana que combina l'elegància del blanc amb la passió del blau cristal·lí relaxant de les platges del Carib. A més, girant 90 graus l'últim botó de l'americana sentiràs per uns petits altaveus, col·locats estratègicament sota la solapa, un apassionant hit musical: "l'himne de l'Espanyol". Això sí que és estil.

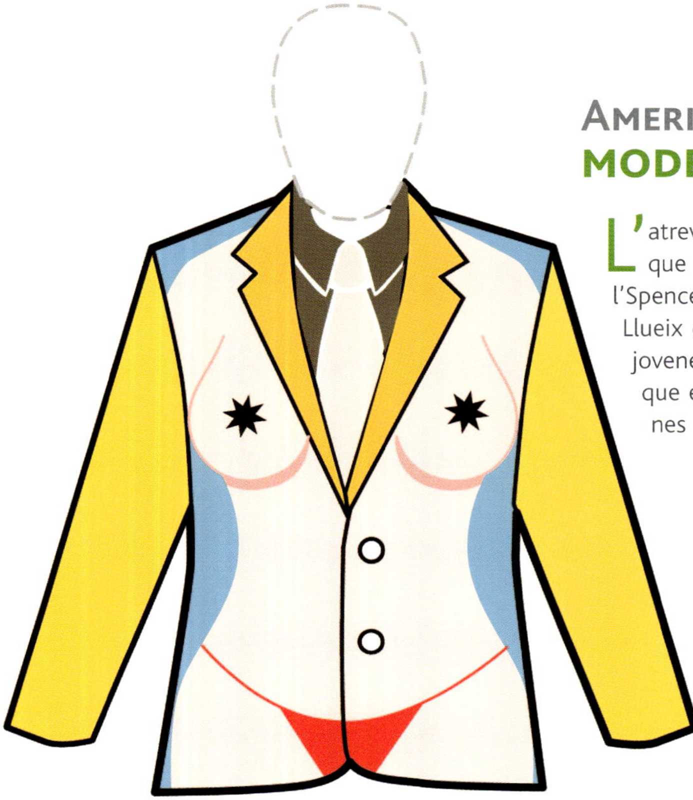

Americana model Eros

L'atreviment de Sala i Martín quedarà més eclipsat que un exhibicionista en una sessió de fotos de l'Spencer Tunick amb aquest model d'americana. Llueix doble figura, la teva natural i la d'una esvelta joveneta vedet del Paral·lel, gràcies a l'estil "Eros" que et proposa la nostra col·lecció de les americanes impossibles de Xavier Sala i Martín.

Americana model Soviet

Aquesta americana, per què enganyar-vos, és de segona i tercera mà, és una americana comunista que va passant de mà en mà, de pares a fills, de germans a cosins, de cosins a veïns, de coneguts a desconeguts, de rics a pobres, però que mai arriba a Xavier Sala i Martín. Perquè en Sala i Martín és neoliberal i, tot i que li agraden els dissenys atrevits i els colors inflamats, mai no lluiria una americana com aquesta. És més, si tu te la poses, et denunciarà i mirarà d'enviar-te a Guantánamo. Alerta!

AMERICANA
MODEL TOTXO'S KING

L'elegància no està renyida amb la crisi, i menys la crisi en el sector de la construcció, és per això que aquesta americana posarà els pèls de punta a més d'un però et farà sentir el rei de la ciutat. Llueix la façana del teu cos amb un model confeccionat, o millor dit, construït, exclusivament per a tu i no per a en Xavier Sala i Martín.

AMERICANA
MODEL EPISCOPE

Qui vol lluir ha de patir, i per ser més que el nostre admirat economista, què millor que posar-te el model "Episcope". Seràs el centre d'atracció de totes les mirades, i els altres, que diguin missa!

TOT EL CONJUNT
€1000.000.000,00

BACÖ
€926,00

Arxivador i nevera.

Dissimular fent veure que tens un gran volum de feina és molt fàcil gràcies a l'arxivador-nevera. Ningú diria que allà, en comptes de contractes, hi ha tota la secció de congelats i embotits del supermercat de la cantonada.

30€

LORÖ JOHAN

Element indispensable que qualsevol president desconfiat ha de tenir al seu despatx.
Un lloro per estar a l'ídem.

580€

FOSSÅ PIRANHA

Les visites d'indesitjables ja no seran un problema gràcies a aquest mecanisme que limitarà el temps de visita a la paciència del president.
Disponible en roure i bedoll massís.

350€ FINËSTRÅ DIRECTIV

La Finestra Directiv és ideal per llançar tot tipus de directius que no comparteixin les teves idees. S'obre amb un mecanisme que reconeix la veu de l'amo per facilitar el llançament al buit.

€926,00 ARMARI SPY

Per aconseguir un ambient càlid i relaxat per als teus convidats, la millor eina és una bona dissuasió. Aquest armari incorpora una càmera de mida ideal perquè ningú se n'oblidi, d'on està.

659€ EJECT CÅDIRA

NOVETAT!

Sabem que no tothom amb qui tractes comparteix les teves idees. A la nostra botiga hi trobaràs una amplíssima gamma de dispositius per afegir emocions al dia a dia del teu despatx, de la teva feina. Incorpora un senzill comandament a distància. Atenció no t'equivoquis de botó!

REDECORA LA PRESIDÈNCIA

Benvingut a la república independent del teu despatx

CRACKŎVIA

COM LLUIR UN BRONZEJAT PERFECTE

per QUIQUE GUASCH

Hola, amics. Segur que més d'un s'ha preguntat com fer-ho per lluir un bronzejat sempre perfecte, oi? I segur que també més d'un s'ha preguntat com lligar amb l'Scarlett Johansson si ella no et coneix ni de vista, no? Doncs ho sento, però a la segona resposta encara no hi he trobat solució factible, però a la primera, sí. Aquí teniu uns quants mètodes.

Mètode "Mala UVA"

Els salons de bellesa o d'esteticisme tenen un desavantatge a l'hora d'utilitzar les seves màquines de raig UVA: només les pots fer servir durant els minuts que et diuen ells i pagant l'import o preu estipulat per aquells minuts. Vaja, que amb una sessió no en tenim per res i continuarem estant més blancs que l'Iniesta marejat. És per això que cal portar un cadenat de casa, i dissimuladament, un cop a dins, traieu la mà, el tanqueu i us empasseu la clau. A banda del temps estipulat, hi has de sumar el temps perquè se n'adonin, el temps per cridar un manyà, el temps que no localitzen el manyà i han de trucar als bombers, el temps que triguen a venir, el temps que rebenten el cadenat... Temps suficient per deixar la teva pell amb un bronzejat perfecte. (Aneu sempre a la mateixa ferreteria, al final us faran descompte amb els cadenats).

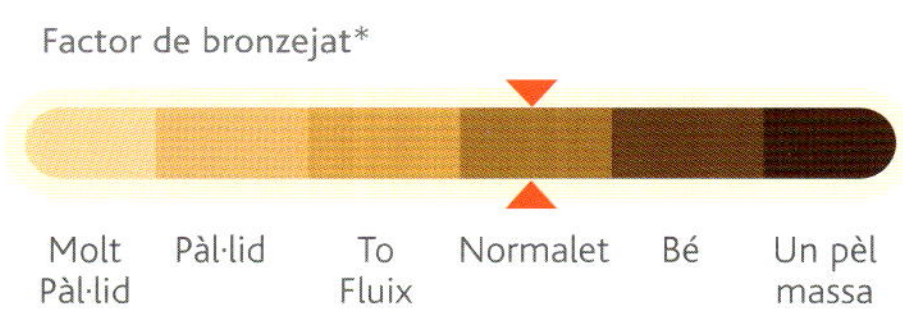

Mètode "Betum"

El mètode de la piscina de betum és un mètode que et permet bronzejar-te al mateix temps que et poses en forma. Mentre la teva pell va adquirint la tonalitat fosca desitjada, pots aprofitar per fer els 200 metres estils i fer la competència al Michael Phelps. (N'hi ha d'altres que prefereixen fer la competència al Phelps en un Coffee-shop, però això són figues d'un altre paner).

Atenció, no nedeu amb els ulls ni la boca oberta, si no voleu ser més foscos que l'aixella d'un grill.

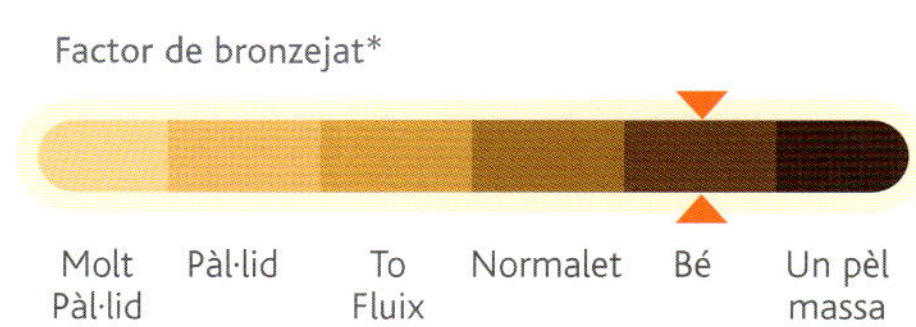

Totes les mesures en escala Guasch

MÈTODE "FAQUIR"

RECOMANAT

Aquest mètode és el primer que vaig utilitzar involuntàriament. Estant a la primera fila d'un circ, va sortir a actuar un faquir de gran renom mundial. Un d'aquells que dorm en un llit de claus, menja vidres, es posa dagues pel nas, escup foc i la gent ho troba tan normal. Si ho faig jo, ja m'haurien tancat en un manicomi. Doncs bé, al moment d'escopir foc, em vaig apropar tant per veure-ho cara a cara, que em va fer el meu primer bronzejat. Fantàstic! Només un problema, que també em va propinar la meva primera (i única) calvície. Llogar un faquir per bronzejar-te és molt car, al contracte li has de pagar un plus de perillositat, és per això que vaig reciclar el mètode canviant el faquir per un bufador! Ah, i els comercialitzo!

Factor de bronzejat*

Molt Pàl·lid | Pàl·lid | To Fluix | Normalet | **Bé** ◄ | Un pèl massa

MÈTODE "VULCANO"

Qui vol lluir ha de patir, és per això que localitzarem un volcà que no tingui una activitat morta, sinó que estigui a punt per a l'erupció. No importa si el volcà és estrombolià, hawaià, o de marca blanca, la qüestió és que, nanos, ens hem de penjar d'un pal, com un pollastre a l'ast perquè l'escalforeta ens vagi torrant la cara. Amb dos pebrots! ...escalivats, és clar!

Factor de bronzejat*

Molt Pàl·lid | Pàl·lid | To Fluix | Normalet | Bé | **Un pèl massa** ◄

feisbuk Inici Perfil Amics 27.180 Safata d'entrada Configuració Cercar

Andrés Iniesta

Mira cómo digo Lluiiiiiíss.

Mur | **Informació** | **Fotos +**

Informació

Naixement:
11 / Maig / 1984

Sexe:
Salvaje, claro, ¿no se me nota?

Població:
Fuentealbilla

Música:
El heavy metal, el Hardcore, el Trash metal

Un llibre:
"Los paliduchos de la Tierra"

Amics

27.180 Amics — Veure tots

Carles Puyol

Joan Laporta

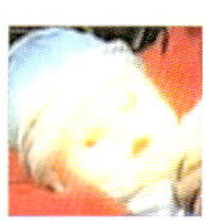

Gusiluz

Seydou Keita

Pep Guardiola

Victor Valdés

10 novembre

Iniesta ha escrit al mur de **Solarium El Buen Color**
Iniesta ha escrit al mur d'**Angus Young**

Carles Puyol ha escrit:
Inieste, s'han fos els ploms de casa meva, perquè no véns, que no m'hi veig?

15 febrer

Iniesta s'ha unit al grup **"No me toques las palmas que me conozco"**
2.303 fans

19 febrer

Iniesta s'ha unit al grup **"Vestirme de blanco no me favorece nada de nada"**
4.670 fans

24 març

Iniesta s'ha unit al grup **"Si fuera soso no iría por ahí explicando el chiste de Mistetas"**
1.398.776 fans

Iniesta ha publicat 4 fotos:

feisbuk Inici Perfil Amics 134+ Safata d'entrada Configuració Cercar

Nada que decir

Informació

Naixement:
06 / Juliol / 1980

Sexe:
Amb les Cheerleaders ho tenim prohibit

Població:
Sant Boi de Llobregat

Un llibre:
"Els rebots de la Terra"

Amics

134 amics i 864 rivals

Marc Gasol

Lluis Canut

Rudy Fernández

Kobe Bryant

Ricky Rubio

Cheer-leaders

Pau Gasol

Mur | Informació | Fotos +

3 febrer

Pau Gasol s'ha unit al grup **"Sense que em posin les banyes, no passo per la porta"**
8.762 fans i 1 banyut que no sap que ho és

24 març

Pau Gasol s'ha unit al grup **"Sóc tan alt que quan surto al carrer els dies de sol se'm gratina la caspa"**
5.432 fans

5 abril

Pau Gasol s'ha unit al grup **"Soy español, ¡Casi ná!" i "Soy catalán, pero abierto"**
654.788 fans

Pau Gasol té una petició d'amistat de **Lebron James**
Enviat avui a les 18:41

Acceptar | Fer-li un tap | Fer-li una personal

Marc Gasol ha escrit:
Tete, digue-li al teu entrenador que em fitxi pel teu equip, estic fart de no guanyar cap partit. Si és que perdem nosaltres sols fins i tot als entrenaments! Perdem partits, competicions... l'altre dia vaig perdre les claus de casa, l'endemà vaig perdre una gorra, i l'altre dia fins i tot vaig perdre la virginitat! N'estic fart!
Enviat avui a les 06:41 hora d'allà

Pau Gasol ha publicat 2 fotos:

feisbuk Iniciation Perfilation Friends 124 Tray of entradation Configuration Cercar

Juande Ramos / *John of Branches*

Murotion | Information | Photos +

Nothing to say...

Information

Date of naciment:
19 / Gener / 1969

Sexeition:
Man

Poblation:
Pedro Muñoz (Ciudad Real)

Do you speak English:
Yes, I don't

Book:
"The Pilarations of the World"

Friends

124 Amics See all

Drenthe

Guti

Sergio Ramos

Ramón Calderón

Vicente Boluda

Guti 2- El Álbum

20 març

Juande s'ha unit al grup **"Els millors entrenadors del món han passat per Anglaterra"**

252 entrenadors i 6.987.987 hooligans

15 febrer

Juande s'ha unit al grup **"Qualquier momento es bueno para cortarse las uñas"**

1 fan, el gremi sencer d'esteticistes i 453 podòlegs

15 febrer

Juande ha canviat d'idioma el **Feisbuk** i l'ha posat en anglès

Sergio Ramos ha escrivation:
Míster, que le he echado el ojo a una pava inglesa. Usted que tiene dominio del idioma, cómo se dice "Niña, ¿jugamos a los muertos vivos?".
Tú te tiras al suelo y te haces la muerta, y yo me pongo encima tuyo y me hago el vivo.

Enviat avui a les 00:01

Sergio Ramos ha escrivation:
Vale, me he ganado una torta. Voy a provar con otro. ¿Cómo se traduce "Guapa, quieres jugar al teto?".

Enviat avui a les 00:02

Sergio Ramos ha escrivation:
Con este me han aplaudido... pero en la cara. ¡Menudos guantazos! A ver con este otro. ¿Me lo traduce?
"Hola guapetona, ¿quieres que hagamos juntos la dieta del cucurucho?".

Enviat avui a les 00:03

Sergio Ramos ha escrivation:
Míster, o es que usted me traduce mal o es que a las inglesas no les molan los piropos. Vaya patada en la rodilla. Ya sé que los jugadores, por contrato, no podemos hacer deportes de riesgo para evitar lesiones, però de ligar no dice nada. Creo que estaré de baja unas semanas... aaayyyy...

Enviat avui a les 00:04

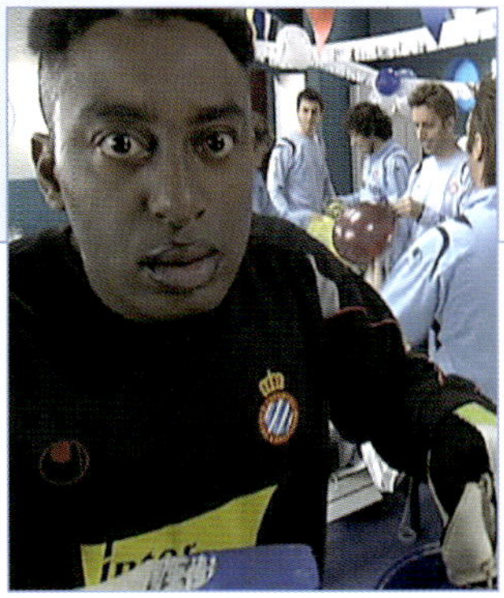

Gato con guantes no caza ratones.

Carlos Kameni

Mur | Informació | Fotos +

3 març

Carlos Kameni s'ha unit al grup **"Em moc més sota els pals que el cantant de Boney M."**
34 fans i la germana del cantant de Boney M

24 març

Carlos Kameni s'ha unit al grup **"En la portería de mi piso no estoy yo, sino un portero automático"**
1.998 fans

Kameni s'ha baixat l'aplicació **"Quin personatge històric ets?"**
Avui a les 16:41

Kameni ha jugat a **"Quin personatge històric ets?"**
El seu resultat ha estat: **John Bonello** (porter de Malta del partit Espanya 12 - Malta 1)
Avui a les 16:56

16 Abril

Carlos Kameni ha fet una petició d'amistat a **Raúl Tamudo**
ERROR 404

16 Abril

Carlos Kameni ha fet una petició d'amistat a **Raúl Tamudo**
ERROR 408

16 Abril

Carlos Kameni ha fet una petició d'amistat a **Raúl Tamudo**
ERROR 1.548 WARNING!!!

Carlos Kameni ha publicat 2 fotos:

Informació

Naixement:
18 / Febrer / 1984

Sexe:
No he tingut cap queixa

Població:
Douala

País:
Camerún

Un llibre:
"Los los los pilares de de de la Tierra"

Amics

2 amics

Tintín Márquez

Mané

CRACKÖVIA

CRACKÖVIA
© CRACKÒVIA • TOTS ELS DRETS RESERVATS • REF 18011998/27022002
GREATEST HITS
LAPORTA I LA JUNTA DIRECTIVA • CALDERÓN I SCHUSTER AL CAMP DE GOLF • GUSILUZ • LA TAQUILLA DE L'OLEGUER • • PUYOL ROCKY • NÚÑEZ I INIESTA •

“LAPORTA
I LA SEVA JUNTA DIRECTIVA”

JOAN LAPORTA I TXIKI BEGIRISTAIN ENCAPÇALEN UNA REUNIÓ DE LA JUNTA DIRECTIVA DEL BARÇA A LA SALA DE REUNIONS DEL CLUB.

LAPORTA:
Abans de començar la junta...

LAPORTA PREM L'INTERCOMUNICADOR PER AVISAR LA SECRETÀRIA

LAPORTA:
Nena, porta alguna cosa per picar. Ja!

ENTRA SECRETÀRIA AMB UNA SAFATA DE CROISSANTETS I PASTES.

SECRETÀRIA:
Aquí té, senyor president.

LAPORTA:
Molt bé, però “al lloro”, eh!! Al lloro!!

SECRETÀRIA (ANGOIXADA):
Què passa? Què passa? Què he fet?

LAPORTA:
Que l’aperitiu és pel lloro!

DARRERE SEU, LAPORTA TÉ UN LLORO DINS UNA GÀBIA. LAPORTA S’HI ACOSTA, OBRA LA PORTETA, TREU EL LLORO I LI DÓNA UN CROISSANTET.

LAPORTA:
(*a la secretària*) Au, retira’t (*acariciant el lloro*) Ai!! Johan... si no fos per mi... qui t’estima a tu, eh, Johan?... Digues, què faries sense el teu Lapo? Ai, el meu amiguet, Johan. A-tiqui-tiqui-tiqui!

LAPORTA:
(*a la junta*) Comencem. Companys de la junta directiva... Què dic "companys"? Amics de la junta directiva. Vosaltres sou amics perquè creieu en mi i mai em traireu. Aquí ja no hi queden traïdors, només barcelonistes íntegres i sòlids.

LAPORTA DÓNA UN COP A L'ESPATLLA A UN DELS MEMBRES DE LA JUNTA I CAU. DESCOBRIM QUE ELS COMPONENTS DE LA JUNTA SÓN MANIQUINS.

LAPORTA:
Posa'l bé, Txiki. Amics de la junta directiva, crec que tots nosaltres tenim el mateix dins el cap. Fer del Barça un equip triomfant.

PREM EL BOTÓ VERD I SONEN APLAUDIMENTS.

LAPORTA:
Gràcies, gràcies. Prou, prou... Guardeu aplaudiments per al dia que l'Henry marqui un gol.

LAPORTA PREM EL BOTÓ GROC I SONEN RIALLES.

LAPORTA:
Encara que sigui al casal d'avis del barri de Sants. Ha, ha! (*prem un botó i sonen més rialles*). Em peto!

TXIKI:
Ei! Tenim una oferta per l'Henry. (*silenci dramàtic*) Del casal d'avis de la Barceloneta. Ha, ha, ha!

LAPORTA:
No fa gràcia, Txiki. Oi que no? (*Laporta prem el botó vermell i sonen xiulets i esbroncades*) Vinga, no ens entretinguem. Junta directiva. (*agafa uns informes, passa fulls*) Primer i únic punt del dia: "En Sandro Rosell és un idiota". Vots a favor?

LAPORTA PREM EL BOTÓ GROC. TOTS ELS MANIQUINS TRET D'UN AIXEQUEN EL BRAÇ.

LAPORTA:
Eh! A veure... "En Sandro Rosell és un idiota". Vots a favor? (*torna a prémer el botó i passa el mateix*) Vots a favor?

LAPORTA, EMPIPAT, PREM EL BOTÓ MOLTES VEGADES.

LAPORTA.
Braços!! Braços!! (*al maniquí que no aixeca els braços*) I a tu què et passa? (*al lloro*) Està espatllat. Què dius, Johan? Ah! És clar! És sorianista. Saps què en faig, jo, dels sorianistes?

LAPORTA AGAFA EL MANIQUÍ I EL LLANÇA PER LA FINESTRA.

LAPORTA:
Apa! A prendre la fresca.

TXIKI:
T'has passat, Jan!!

LAPORTA:
No et sembla bé llançar un sorianista per la finestra?

TXIKI:
Doncs no, que tinc el Ferrari aparcat a sota.

LAPORTA:
Va! Amics, acabem la junta cantant el nostre himne.

LAPORTA TREU UN RADIOCASSET. SENTEN L'HIMNE, PERÒ LAPORTA EL FA PASSAR ENDAVANT FINS AL VERS QUE DIU "TENIM UN NOM..."

LAPORTA I TXIKI:
Tenim un nom, el sap tothom...

TOTS:
Lapo, Lapo, Lapooooo!!!!

"CALDERÓN I SCHUSTER
AL CAMP DE GOLF"

L'ACCIÓ PASSA A LA TERRASSA DEL CAMP DE GOLF. SCHUSTER ESTÀ ASSEGUT ESCRIVINT AL PORTÀTIL. AL SEU COSTAT HI HA EL CALDERÓN ESCOLTANT-LO, SEMIADORMIT.

SCHUSTER:
...y mucho peor es que te den un pelotaso en los huevos. No hase falta desir nada más. Ya está (*tanca l'ordinador*).

CALDERÓN:
Yo siempre digo una cosa: pues no se está tan mal sin currar.

ENTREN CRUYFF I REXACH.

CRUYFF:
¿Pero qué hacéis en nuestras *sitios*?

SCHUSTER:
No pone vuestros nombres. ¿Cómo saber que son vuestros sitios?

CRUYFF:
Si pones la mano debajo de la silla... (*Schuster ho fa*) notarás las pelotillas que me saco (*Schuster aparta la mà ràpidament amb cara de fàstic*).

REXACH (PARLANT AMB MOLT D'ACCENT CATALÀ):
Y yo *desota* la mesa guardo los *chiclets*.

CRUYFF:
Pero ¿por qué habéis venido?

CALDERÓN:
Como también estamos parados como vosotros, hemos decidido venir a pasar el rato aquí.

SCHUSTER:
Pero tranquilos, que seguro que ahora me llamaran para entrenar a otro equipo. (*treu un mòbil i el deixa sobre la taula*)

CALDERÓN:
I a mi para presidir otro equipo.

ES QUEDEN UNS SEGONS CALLATS I ES MIREN TOTS QUATRE I FOTEN LA RIALLADA TÍPICA.

SCHUSTER:
No, en serio, seguro que ahora me llaman.

POSEM UNA "CORTINETA" PER FER VEURE QUE HA PASSAT MOLTA ESTONA. ENS ELS TORNEM A TROBAR TOTS QUE CONTINUEN MIRANT EL MÒBIL.

CALDERÓN:
Hay que ver, parece que haya pasado mucho tiempo y en verdad sólo han pasado 2 segundos.

CRUYFF:
Es lo que se llama una elipsis temporal.

SCHUSTER:
Joder, si que sabéis de televisión.

REXACH:
Y eso no es todo.

ENTRA CAMBRER AMB UNA LA SAFATA, GESTICULA COM QUI S'HA DEIXAT ALGUNA COSA I TORNA A MARXAR.

SCHUSTER:
Joder, si que sabéis de televisión.

REXACH:
Y eso no es todo.

ENTRA CAMBRER AMB UNA SAFATA.
TOTS REPETINT ELS MATEIXOS GESTOS.

SCHUSTER:
Joder, si que sabéis de televisión.

REXACH:
Y eso no es todo.

ENTRA CAMBRER AMB UNA SAFATA.
TOTS REPETINT ELS MATEIXOS GESTOS.

CALDERÓN:
¡Mi madre! ¡Y ahora parecía que estábamos atrapados en el tiempo!

CRUYFF:
¡Y solo estábamos repitiendo la misma frase!

REXACH:
Controlamos el gag a la perfección. Ahora por ejemplo esto se acaba y vienen las pifias. (*mirant directe a càmera*) Un, dos, tres, pífies ja!!

ENTRA LA SECCIÓ DE PÍFIES.

"INIESTA
ÉS GUSILUZ"

INTERIOR DE L'HABITACIÓ. A LES FOSQUES. INIESTA DORM PLÀCIDAMENT. SENTIM COM UNS COPS EN UNA FUSTA DE FONS. INIESTA ES DESPERTA PEL SOROLL I ENCÉN EL LLUM.

INIESTA:
Puyi, ¿se puede saber qué estás haciendo?

VEIEM QUE CARLES PUYOL ESTÀ DRET AL SEU LLIT AMB UNA DESTRAL FOTENT DESTRALADES A UN TRONC.

PUYOL:
És que no puc dormir, Inieste. I he pensat, "calla, tallaràs una mica de llenya". Com que ja s'acosta l'hivern...

INIESTA:
A ver, yo no es por cortar el rollo porque ya sabes que suelo ser el rey de la fiesta, pero... Mañana hay entrenamiento. Así que apaga la luz y a dormir.

INIESTA ES GIRA I PUYOL APAGA EL LLUM. L'HABITACIÓ QUEDA A LES FOSQUES.

PUYOL (XIUXIUEJANT):
Inieste. (*to normal*) Inieste... (*cridant*) Inieste!!! Que dorms o què?!!!

INIESTA ENCÉN EL LLUM DESESPERAT I S'INCORPORA.

INIESTA:
Tío, Puyi, no me hagas enfadar, que tengo un pronto muy malo, ya lo sabes.

PUYOL:
Hosti, sí. Fes-me la cara d'empipat.

INIESTA FA CARA NORMAL TIRANT A INEXPRESSIVA.

PUYOL:
I ara cara de content...

INIESTA FA LA MATEIXA CARA.

PUYOL:
Hahahaha. Hòstia, Inieste, ets tan divertit!!!

INIESTA:
Puyi, vamos a dormir que son las cuatro.

PUYOL APAGA EL LLUM I ENTRA AL LLIT, L'INIESTA TAMBÉ. FOSCOR. DOS SEGONS DE SILENCI. PUYOL ENCÉN EL SEU LLUM.

PUYOL:
Inieste. T'he de confessar una cosa... em fa por la foscor. Si tingués la meva ovella de peluix...

INIESTA (COMPRENSIU):
Bueno, ya que estamos de confidencias... Yo te diré otra pero me tienes que jurar que apagarás la luz y me dejarás dormir.

PUYOL:
Vale.

INIESTA:
¿Seguro?

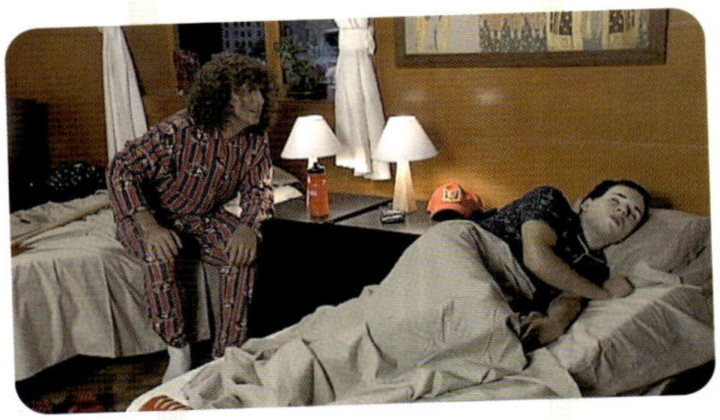

PUYOL:
La Pobla de Seguro.

INIESTA:
Ya verás qué truco. Apaga la luz un momento...

PUYOL APAGA EL LLUM.

PUYOL:
Inieste, què fas? Tinc por...

INIESTA:
Tú sabes que soy algo paliducho, ¿verdad?

PUYOL:
¿Paliducho? Collons, si ets com lo paper de fumar.

INIESTA:
Bien. Pues fíjate en esto. Si hago mucha fuerza...

INIESTA FA FORÇA AMB ELS PUNYS I CONTRAU LA CARA. LENTAMENT LA CARA SE LI IL·LUMINA. LA LLUM AUGMENTA D'INTENSITAT ROTLLO *COCOON*.

PUYOL:
Hòstie, ets lo puto gusiluz!!! I et pots quedar així tota la nit?

INIESTA:
Pues sí.

PUYOL:
Que bé! Dormiré abraçat a tu!

INIESTA:
Pues mira qué bien.

PUYOL L'ABRAÇA COM SI FOS UN NINO.

PUYOL:
Bona nit, Inieste. Ets una gran persona.

INIESTA:
Y además, mira, hasta tengo música...

SE SENT UNA MÚSICA COM DE CARRILLÓ (CAPSA DE MÚSICA PETITA).

PUYOL:
Que fort. I això d'aquí, què són? Les piles?

INIESTA (AMB EL MATEIX TO SOMNOLENT):
No, eso déjalo tranquilo que a la mejor te cae una hostia.

PUYOL:
Ah.

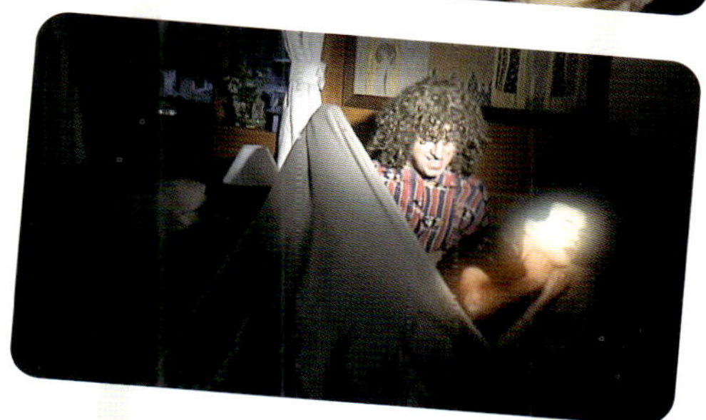

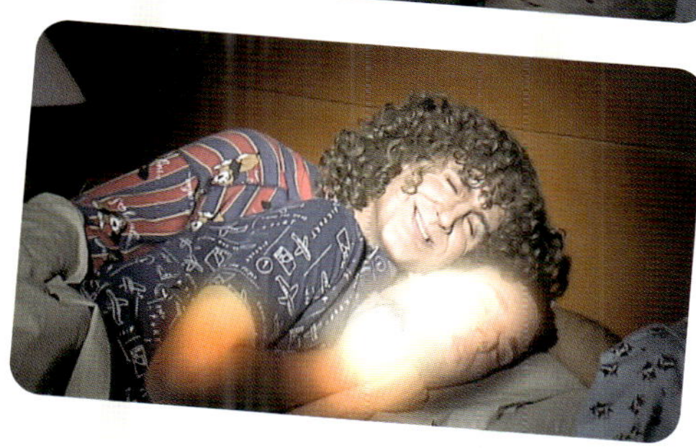

"LA TAQUILLA D'OLEGUER"

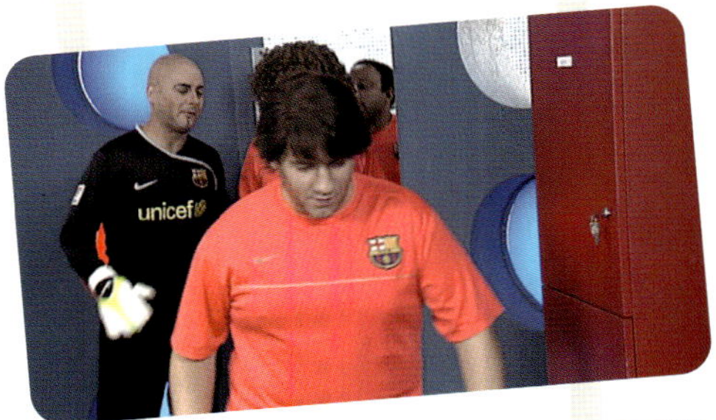

PUYOL, KEITA, VALDÉS I MESSI ENTREN AL VESTIDOR DEL BARÇA.

VALDÉS:
Em diu: Tu eres 'el cancerbero'. I jo li dic: I tu 'el gilipolles'. Ha ha ha ha ha....

PUYOL:
Ha ha ha ha... Aquests periodistes.

MESSI VEU UNA TAQUILLA. HI POSA "OLEGUER" I HI HA UN ADHESIU D'UNA ESTELADA.

MESSI
¿De quién es esta taquilla?

PUYOL:
Aquesta era la de l'Oleguer.

KEITA
U la là! ¿Y por qué hay una bandera de Jamaica?

PUYOL
És una estelada, Keita! Que l'Oleguer era molt de la ceba... (*el deixa dient per si mateix "aquests no saben res"*).

MESSI OBRE LA TAQUILLA, PER CURIOSITAT, I DE COP S'ESPANTA MORTALMENT. NO VEIEM QUÈ HI HA A DINS.

MESSI:
¡AAAAH!

LA RESTA DE FUTBOLISTES S'ACOSTEN PER VEURE QUÈ PASSA.

PUYOL:
Què passa?

VALDÉS:
Què és això?

KEITA:
Mon dieu! Nunca había visto nada igual.

PUYOL FICA LA MÀ I TREU UN LLIBRE. TOTS ELS FUTBOLISTES FAN UNA PASSA ENRERE AL MATEIX TEMPS.

APAREIX GUARDIOLA.

GUARDIOLA:
¿Què està passant aquí?

PUYOL:
Míster, hem trobat això a la taquilla de l'Oleguer.

GUARDIOLA:
(*veu el llibre*) No sabeu què és això? És un llibre.

KEITA:
¿Cómo dice, míster?

GUARDIOLA:
Un llibre. Mireu, (*tots s'acosten al mateix temps i fan rotllana*) és per llegir.

MESSI:
¿Qué es *yegir*?

GUARDIOLA:
Llegir. Els llibres ens expliquen històries fabuloses.

PUYOL:
Com un DVD, míster?

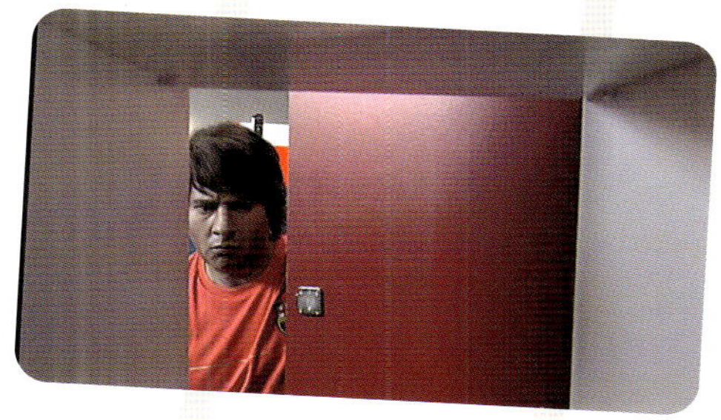

GUARDIOLA:
Més o menys (*se'n va*).

VALDÉS:
I per on s'engega?

MESSI:
Yo qué sé.

PUYOL:
Miiisteeeer!

TORNA GUARDIOLA, FART D'ELLS.

GUARDIOLA:
Que no s'engeeeeega. S'obre. Teniu.

ELS DÓNA EL LLIBRE I SE'N VA. INTENTEN OBRIR-LO I ES FAN UN EMBOLIC PERQUÈ L'ESTAN OBRINT AL REVÉS.

MESSI:
¡Ya lo hago yo! (*l'agafa*)

KEITA:
No seas individualista (*li pren*).

PUYOL:
Això em sembla que s'ha de fer per la força.
(*Puyol estira la tapa i l'arrenca sencera*).
Ja està.

KEITA:
¿Y para cerrarlo?

PUYOL:
Ostres, no ho sé.

MESSI:
¡Se le va a gastar la batería!

TOTS:
¡Místeeeer!

“NÚÑEZ INTENTA ANIMAR INIESTA LESIONAT”

EL PRESIDENT SEU A LA GRADERIA.

NÚÑEZ (AL PÚBLIC DEL SEU VOLTANT):
Si abans de la *media parte* no hem fet cinc gols, “Laporta *demissió*”. (*el públic se'l mira sense entendre res*) Mira! El jugador blanquet aquell.

INIESTA ARRIBA AMB CROSSES I ESTÀ A PUNT D'ASSEURE'S A LA FILERA DEL DAVANT.

NUÑEZ
Hombre, Iniesta. Maco! Com estàs?

INIESTA: (ES GIRA)
Pues como unas castañuelas, ¿no se me nota?

NÚÑEZ:
Vine a sentar-te aquí, que el Gaspart no ha vingut i sobra un *assientu*.

INIESTA SEU.

NÚÑEZ:
Com tens la cama, fill?

INIESTA:
La verdad es que no hay lesión pequeña. Espero recuperarme lo antes posible.

NÚÑEZ:
És clar. Pensa en Maradona, el Peluche. *Es* va tenir una lesió gravíssima, molts mesos de baixa. Però va saber aprofitar el temps: es va enganxar a les drogues, se n'anava amb senyo-

res que fumen, (i parlen de tu i són putes), va evadir impostos... després va marxar al *Nápoles*, la màfia el perseguia, la policia italiana el va *detindre*, parlava sol, disparava als *medis* d'informació, es va posar *gordo*, no?

INIESTA:
Pues sí que me está animando.

NUÑEZ:
I ha acabat molt bé. Ara és seleccionador de l'Argentina, un país en *quiebra*, (*s'emociona*) que encara no ha superat el *corralito*... snif... amb un dèficit acumulat de 17.000 milions de pesos argentins.. snif... en plena... snif... recessió.

INIESTA
¿Cesión? No sabia que habían cedido a Maradona.

NÚÑEZ
Ara que et miro bé, em recordes l'Amunike.

INIESTA:
¿Por qué parte de mi anatomia, concretamente?

NÚÑEZ :
Vull dir que també es va lesionar. Un *desgarro* terrible al menisc, *casi* perd la cama, el van operar, li van posar el menisc d'un mort...

INIESTA:
Oye, que yo sólo tengo una lesión muscular.

NÚÑEZ:
Igual que el *negrito* aquell de les cadenes, en Bogarte. No sabem com aquella lesió muscular li va afectar el cervell, se li va atrofiar, es va tornar encara més dolent.... Horrorós!

INIESTA:
Yo... yo estaré a punto pa' después de Navidad.

NÚÑEZ :
Això deia en Dugarry... abans de la gangrena. Vam arribar a demanar l'eutanàsia.

INIESTA:
No me encuentro bien. Soy un poco aprensivo.

INIESTA BAIXA MAREJAT.

NÚÑEZ:
Arrujant, com el Patris Kluivert. Cada dilluns feia una *arrujada* d'aquestes. Tranquil, Andrés, que acabaràs com el Kluivert!

"ROCKY CULÉ"

PUYOL ESTÀ TREBALLANT AL SEU ORDINADOR ASSEGUT CÒMODAMENT EN EL VESTIDOR DEL BARÇA. NO VEIEM QUÈ FA.

PUYOL:
Que guapa, tio! Hosti, com m'excita! A veure... ohhhh!

ENTRA GUARDIOLA.

GUARDIOLA:
Coi, Carles! Què és aquesta eufòria? No, no i no! Eufòria no! I a més, veient planes *guarres* en lloc de recuperar-te de la lesió.

PUYOL:
Que no, míster. Estic mirant el meu nou web: carles@puyol.com. Guapo, eh?

GUARDIOLA S'HI INTERESSA MOMENTÀNIAMENT.

GUARDIOLA:
Ah, jo també estic pensant a fer una web, per recomanar llibres, exposicions, escriure poesies...

PUYOL:
...I penjar fotos d'ovelles i consells per a la ramaderia bovina. Exactament és això el que faig jo! Vaja, més o menys.

GUARDIOLA:
Bé, és igual. Ara vés a preparar-te.
(*es va posant pel·liculero*)

COMENÇA A SONAR LA MÚSICA DE ROCKY.

Has de recuperar-te aviat. Et necessitem, necessitem la teva força, ets... ets...

PUYOL:
Sí, míster, ja sento la música! Sóc lo puto Rocky culé! Ara torno!

PUYOL, AMB JAQUETA I GORRA COM ROCKY, PUJA I BAIXA LES GRADES DEL CAMP NOU.

PUYOL SALTA A CORDA.

PUYOL FA EXERCICIS CARREGANT-SE KEITA AL DAMUNT.

PUYOL TALLA TRONCS AMB UNA DESTRAL.

PUYOL ACCELERA ELS SEUS EXERCICIS DE CORDA.

PUYOL ENTRENA AMB LA QUECA.

PUYOL ES FA UN GOT DE LLET AMB LA QUECA.

PUYOL ENTRENA CORRENT PER LA NEU.

PUYOL ENTRENA CORRENT PEL DESERT.

PUYOL ENTRENA CORRENT PER LA PLATJA.

PUYOL ACABA FENT EL CRIT DE ROCKY.

PUYOL:
Quecaaaaaaaaaaa!!!! Quecaaaaaaa!!!!!!!

ACABA LA MÚSICA DE ROCKY.

PUYOL APAREIX DE NOU AL COSTAT DE GUARDIOLA, FRESC COM UNA ROSA. GUARDIOLA ESTÀ LLEGINT UN LLIBRE.

PUYOL:
Ja estic, míster. Quan vulguis, em pots convocar.

GUARDIOLA:
Ara arribes? Si ja s'ha acabat la temporada!

PUYOL:
Com??

GUARDIOLA:
Hem guanyat tots els títols, i t'ho has perdut.

PUYOL POSA CARA DE PÀNIC. EL SEU FONS S'ALLUNYA, I TAL, MENTRE ELL CRIDA "NOOOOOOOOOOOOOOOO".

GUARDIOLA:
No, home, no. Era broma. Només han passat tres hores (*continua llegint*).

PUYOL:
Aaaaaah. Ja deia jo...

feisbuk Inici Perfil Amics 1 Safata d'entrada Configuració Cercar

Josep Lluís Núñez

Buaaaà.

Informació

Naixement:
07 / Setembre / 1931

Sexe:
Si és pagant no m'ho puc permitir, no? Buà... buà... buà

Població:
Barakaldo

Número preferit:
El 10.000 milions d'euros de les antigues pessetes, no? buà... buà... buà...

Número de peu:
Un 39. Buà... buà... buà

Un color:
Tots menys el blau elefant... Eh? Hehehe... Menys el blau elefant... Eh? Hehehe... Eh?...

Un llibre:

Amics

1 Amic Veure tots

Joan Gaspart

Mur | Informació | Fotos +

2 febrer

Núñez s'ha unit al grup **"Jo no vaig plorar amb la pel·lícula *Bambi*, sinó amb el preu de l'entrada"**
130 fans

9 febrer

Núñez s'ha unit al grup **"No sé dir frànsfur... frankssfuu... frausfur... no sé dir allò que es menja al camp del Barça i que ha pujat de preu un 25%, no? Buà... buà... buà..."**
13 fans

18 febrer

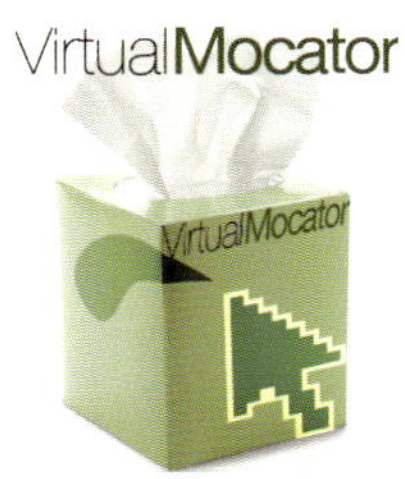

Núñez té una petició per baixar-se l'aplicació **Mocador virtual**

Eixugar llàgrimes | Demanar la *demissió* de Laporta | Mocar-se | Ignorar

Joan Gaspart ha escrit:
Per caritat humana, no m'enviïs missatges amb "Quedem avui? Ens passarem l'estona cridant juntets, al lloc de sempre. Avui l'agitaré més fort que mai, amunt i avall, amunt i avall...".
No veus que la meva dona no es creu que anem al Camp Nou a manifestar-nos contra el Laporta movent el mocador?
Enviat ahir a les 15:15

Núñez ha publicat 2 fotos:

feisbuk Inici Perfil Amics la tira Safata d'entrada Configuració Cercar

Mauricio Pochettino

Viste?

Mur | **Informació** | **Fotos +**

Informació

Naixement:
02 / Març / 1972

Sexe:
Home

Població:
Murphy

País:
Argentina

Una malaltia:
Estar *pocho*

Un llibre:
"Las milongas de la tierra"

Amics

Més que llonganisses

Daniel Sánchez Llibre

Maradona

Raúl Tamudo

Leo Messi

Luis García

Escupi

20 març

Mauricio Pochettino s'ha unit al grup **"No todos los argentinos somos psicólogos, los hay psiquiatras"**
8.999 bojos pels argentins

Daniel Sánchez Llibre ha escrit:
Poche, estava pensant de fer les porteries del nostre nou camp de Cornellà molt més grosses. Així marcaríem més gols, no? Què et sembla?
Enviat avui a les 11:13

Daniel Sánchez Llibre ha escrit:
No, calla, no he dit res, que encara ens faran més gols a nosaltres!
Enviat ahir a les 12:01

Daniel Sánchez Llibre ha escrit:
I si juguem sempre amb pilotes més grosses que la porteria? Sempre quedaríem 0 a 0 i guanyaríem un punt cada jornada!!!
Enviat ahir a les 12:03

Daniel Sánchez Llibre ha escrit:
Ah no, calla, només seria a les jornades de casa, i amb 19 puntets no és suficient per guanyar una lliga, oi?
Enviat ahir a les 12:07

Daniel Sánchez Llibre ha escrit:
Poche, pensa alguna cosa tu, no? Per alguna cosa se't va fitxar!!!
Enviat ahir a les 12:09

feisbuk Inici Perfil Amics 112 Safata d'entrada Configuració Cercar

Ramón Calderón

Nada que decir.

Informació

Naixement:
26 / Maig / 1951

Població:
Palencia

Sexe:
Hombre

Color favorit:
¿Un culo favorito? El de Sofia Loren

Un llibre:
"Los dimitidos de la Tierra"

Amics

112 Amics — Veure tots

Nanin

Pedja Mijatovic

Joan Laporta

Sr. Maletín

Comité Arbitral

Guti

Mur | Informació | Fotos +

2 nov 2008

Ramón Calderón s'ha unit al grup **"Club de Fans de Cristiano Ronaldo"**
456 fans

7 des 2008

Ramón Calderón ha convidat a tots els seus amics a un esdeveniment **"Asamblea del Real Madrid"**
456 fans

8 des 2008

Ramón Calderón s'ha unit al grup **"Yo también estuve en la asamblea del Real Madrid"**
400 fans

2 juliol 2008

Ramón Calderón ha enviat una petició d'amistat a **Cristiano Ronaldo** i un pernil 5J

5 juliol 2008

Ramón Calderón ha enviat una petició d'amistat a **Kaka** i un pernil 5J

9 juliol 2008

Ramón Calderón ha enviat una petició d'amistat a **Cesc Fàbregas** i un pernil 5 J

6 agost 2008

Ramón Calderón ha rebut un os de pernil de **Cristiano Ronaldo**, un os de pernil de **Kaka**, un os de pernil de **Cesc Fàbregas** i tots 3 li han denegat la petició d'amistat.

16 gen 2009

Schuster ha escrit:
¡Don Ramón, bienvenido al paro! No hace falta desssssir nada más... jejejeje.
Enviat 16 gener 2009

feisbuk. Inici | Perfil | Amics 789 | Safata d'entrada | Configuració | Cercar

Bojan Krkic

Mur | Informació | Fotos +

A les pròximes eleccions ja puc votar!

Informació

Naixement:
28 / Agost / 1990

Sexe:
No, gràcies!

Població:
Linyola

Fill de:
Què? Això ho seràs tu, vale imbècil?!

(reitero) Fill de:
Ah, perdó! Fill de pare serbi i mare catalana

Un llibre:
"En Teo als pilars de la Terra"

Amics

789 Amics — **Veure tots**

Ricky Rubio

Joan Laporta

Carles Puyol

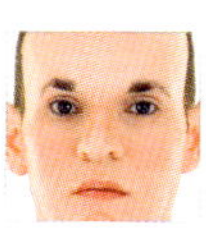
Andrés Iniesta

Seydou Keita

Frank Rijkaard

20 març

Bojan s'ha unit al grup **"Jo no em puc tancar al cole contra el pla Bolonya perquè demà tinc entrenament a les 11"**

1 fans

20 març

Bojan s'ha unit al grup **"Tinc tres pèls!!! (Ja començo a tenir bigoti, encara que de moment sembli una frenada de bicicleta)"**

8.345 fans

16 abril

Bojan té una petició d'amistat del Club Super 3

Acceptar | **Ignorar** | **Anar a la festa dels Súpers**

Bojan té previst assistir a un partit de lliga del Barça com a titular (falta determinar dia)

Enviat avui a les 18:41

Ricky Rubio ha escrit:

Caca, cul, pet, pipí, tetes... jjjjjjjjjjjjj....

Enviat avui a les 18:41

Bojan ha publicat 2 fotos:

TEST

"ETS UN CRACK DEL BÀSQUET?"

Descobreix si la teva vocació frustrada ha estat ser un professional del bàsquet. Serviries per estar a la banqueta d'un equip de bàsquet o més aviat per posar-te de 4 grapes i ser LA banqueta d'un equip de bàsquet? Analitza el teu coneixement del món de la cistella.

(Sabràs el teu resultat depenent de si el nombre de preguntes contestades són majoria **A**, **B**, **C** o **D**. En cas d'empat, la resposta a la primera pregunta serà la que decantarà la balança).

1) Quants jugadors surten al quintet inicial d'un equip de bàsquet?

a) 11

b) 245

c) 4 (un torero, un picador, un cavall i un banderiller)

d) 5

2) Quin es valor numèric de la cistella si fas un llançament més enllà de la línia de 6'25?

a) Només val per un gol

b) Evidentment 6'25 punts

c) Et donen un "perro perrito piloto"

d) 3

3) Com es diu, tècnicament, el minut de temps demanat per un entrenador al mig del partit per parlar amb els seus homes?

a) Temps perdut

b) Mal temps

c) Temps de neu

d) Temps mort

4) Quin exjugador del Joventut de Badalona és actualment el president del club?

a) Michel Platini

b) Imma Pedemonte

c) Michael Jordan

d) Jordi Villacampa

5) Es considera 'assistència' quan un jugador....

a-) ...ha anat al partit

b) ...no ha anat a un partit però porta un justificant dels pares

c) ...té espatllat el cotxe al pàrquing del pavelló i ve la grua de l'assegurança

d) ...passa la pilota a un altre jugador que encistella sense haver botat la pilota

6) Com es diu la lliga americana on trobem jugadors com Pau Gasol, Rudy Fernández, Kobe Bryant o Lebron James?

a) BBVA

b) NASA

c) NPI

d) NBA

7) Quina és la funció de les Cheerleaders?

a) Aprimar-se

b) Animar els jugadors

c) Animar els àrbitres

d) Animar el públic

8) A què se li diu 'falta personal'?

a) A un pavelló amb poca afluència de públic

b) Quan un jugador abandona la pista

c) Quan el venedor de crispetes està desbordat per la clientela

d) A una acció violenta d'un jugador vers un altre

9) En quin equip va debutar Pau Gasol a la lliga americana?

a) Els Frankfurt Galaxy

b) Els Ohio Parrots

c) Els Denzels Washington

d) Els Memphis Grizzlies

10) Pot quedar un partit empatat a punts?

a) No, s'ha de fer un gol d'or

b) Sí, una 'x' a la travessa i un punt per cada un

c) No, cal xutar tirs lliures des del punt de penal després

d) Es desempata fent pròrrogues de 5 minuts.

Resultats

TEST Bàsquet

Majoria de respostes A:

Ets dels que creuen que el bàsquet no és un esport per a homes. Però això no ho dius a la cara a un paio que fot dos metres deu i que té les espatlles més amples que un compartiment de tren de Rodalies.

El teu món gira al voltant del futbol: et casaràs de penal, tens un coeficient intel·lectual absolutament en fora de joc, no pagues hipoteca sinó clàusula de rescissió d'un habitatge, vas al zoo a veure elefants blaus... I és que si "penal i gol és gol", per la mateixa regla de tres "patata i col és col". Apa a menjar cols i a criar panxa!

Majoria de respostes B:

Has sentit a parlar alguna vegada de bàsquet, però creus que es tracta del nom d'un planeta d'una altra galàxia. El més semblant a una cistella de bàsquet que has vist a la teva vida és el cove de la roba bruta de casa. Però no ho saps, perquè ni coneixes com són les cistelles de bàsquet i molt menys el cove de la roba bruta de casa teva. I això és perquè no l'utilitzes. No sues. No t'agrada l'esport i no has de canviar-te de roba. El teu esport preferit són els escacs, però també et fan cansar físicament a l'hora de moure peces, és per això que t'has apuntat a un curs de telequinèsia.

Majoria de respostes C:

Crack, ben bé el que es diu crack del bàsquet no ho ets, més aviat 'catacrack'. De segur que alguna vegada t'han portat a veure un partit de bàsquet, sí, però t'has pensat que estaves en un espectacle de la Fura dels Baus. De ben segur que si sentissis a dir que al Barça hi juga 'la Bomba' Navarro, trucaries als GEOS i faries desallotjar el pavelló. És per això que ja ningú et parla de bàsquet ni et proposa de jugar-hi.

Majoria de respostes D:

La teva febre pel bàsquet no et deixa concebre que hi hagi gent que no en tingui ni idea de què va aquest esport. Ets tan fanàtic d'aquest joc que t'està trastocant la vida. El teu cotxe va amb 'gasol' i no amb gasoil, t'has traslladat a viure a Navarra perquè t'anomenin 'Navarro', a la teva dona no li fas el salt sinó el doble salt... Potser t'estàs passant amb tant bàsquet, tant bàsquet, tant bàsquet, no? Saps que hi ha vida intel·ligent més enllà de la cistella?

inter apuestas .com
CRACKÖVIA

PASSATEMPS

MOTS ENCREUATS

Demostra que tens més vocabulari que un futbolista en roda de premsa i completa el repte dels mots encrackoviats.

	1	2	3	4	5	6	7	8	9	10	11	12
1										■		
2				■							■	
3									■			
4						■		■				
5		■			■		■					
6				■							■	
7	■		■					■				■
8						■						
9									■			
10			■				■			■		
11	■				■							
12								■				

HORITZONTALS

1) Cada futbolista té la seva, tot i que agafa la dels contraris quan xuten un córner // Clor

2) En Samuel sense una pilota // En Hleb o en Mijatovic són d'aquests individus d'un grup de pobles de raça indoeuropea establerts a les terres que hi ha entre els rius Oder i Volga i des de la Mar Bàltica fins a la serralada dels Carpats // Angle recte

3) Substància que usen els futbolistes per regar el camp durant els partits // Comitè de Talossos Ofensius

4) En Johan al ser un lloro ho és // Vocal de la junta directiva // Abans d'avui

5) La meitat d'un // Sodi // El punt més sexual // Atrapo la pilota xutada pel davanter

6) Mestressa // Moltes parelles pateixen quan les dones les tenen i molts porters les pateixen quan les xuten l'Alves o el Luis García // Corbes perilloses

7) Surt de casa // N'hi falta un al jugador que vol llançar un penal amb el cap // Prostituta sense pàrquing

8) Una X // Clavícula

9) Indumentària // Aiguardent que beuen els jugadors de l'equip Pirates F.C.

10) Contracció // Un terreny de joc estèril // Gos // Final d'un angle

11) Fibra tèxtil que s'obté de la planta del mateix nom // Esperem que s'aguantin a la zona de salvació i no baixin a segona

12) En Ramón Calderón n'usava una del club i no de l'àrbitre per a comprar // L'aixeca el campió a la final i també a la discoteca

VERTICALS

1) La divisió de plata no és la primera // Primera dama // T'ho dono

2) És la millor defensa // L'Òscar Nebreda en dibuixa dues com aquesta

3) En José Ramón de la ràdio en té una i no al cul precisament // Inicialment Partit Suspès // Una lira consonàntica

4) Surt de la banda // Fruit del roure // Baptisme copejant la pilota llançada pel pitcher

5) El Madrid no és fictici // D'ara endavant // Segona vocal

6) Reial Societat Limitada // Grups antiterroristes d'alliberació que enviaven la pilota al fons de la porteria amb dislèxia // Has estimat en Pol, el jugador d'hoquei herba

7) Pronom personal femení // Casa // Crea una nota musical

8) El Tribunal d'Arbitratge de l'Esport on els clubs van a protestar // Antic Testament // En Juande era així d'agradable a Anglaterra

9) Ocell d'or // Gent que no resa perquè el seu equip guanyi // El dels aeroports pot fer abaixar els pantalons a algun president

10) Exentrenador i "no hace falta decir nada más" // Fort com mig roure

11) Cent romans jugant a futbol // En bàsquet és lliure // Nadal ha tornat l'esfèrica del revés

12) Xivarri de cap per avall // Associació Mundial d'Entrenadors No Abstemis

SOPA DE LLETRES

Amb el permís dels cuiners de més reputació de la Cuina Catalana (Ferran Adrià, Santi Santamaria, Carme Ruscalleda, la teva mare,...), hem canviat la típica sopa de lletres per pilota a l'olla. Busca-hi 15 personatges del *Crackòvia*.

U	I	P	U	C	S	E	B	Q	S	P	X	F	C	O
T	H	Q	M	L	A	P	O	R	T	A	Q	F	U	Q
G	R	G	S	N	F	Q	R	M	L	X	X	Y	B	S
M	D	A	M	U	F	U	K	L	A	E	H	U	E	C
E	P	E	P	Z	I	L	E	T	N	I	E	R	R	I
S	S	L	E	S	K	W	G	M	H	N	X	C	O	V
S	J	R	N	O	A	U	G	C	X	I	R	G	S	O
I	C	V	R	L	T	G	A	D	R	E	A	V	I	T
Q	V	F	W	I	O	X	Q	R	V	S	T	C	N	A
M	V	R	D	O	E	Y	U	U	Y	T	K	X	E	J
D	S	E	I	R	M	S	U	D	J	A	E	Z	M	I
P	I	J	A	N	I	N	E	P	J	G	I	X	A	M
K	Z	Z	Q	J	O	D	U	M	A	T	T	M	K	Z
E	V	E	A	P	C	T	I	N	T	U	A	R	A	V
A	O	W	Y	W	T	Q	H	G	M	Q	O	H	H	G

LABERINT

Ajuda Tamudo a trobar el camí del gol.

Les 7 diferències

La Queca ens ha passat una foto del Puyol i el Keita una altra. Podries trobar les 7 diferències que hi ha?

JEROGLÍFICS

Si has aconseguit llegir i entendre els estatuts del Barça, de l'Espanyol i del Reial Madrid, segur que resoldre aquests jeroglífics no et serà gens complicat. Sigues egipci per uns moments!

Quin llibre s'està llegint actualment en Guardiola?

Quins 2 han de parlar amb megàfon per poder sentir-se?

Per què han expulsat el jugador?

solucions

	1	2	3	4	5	6	7	8	9	10	11	12
1	S	A	M	A	R	R	E	T	A	■	C	L
2	E	T	O	■	E	S	L	A	U	S	■	L
3	G	A	R	G	A	L	L	S	■	C	T	O
4	O	C	E	L	L	■	A	■	A	H	I	R
5	N	■	N	A	■	G	■	A	T	U	R	O
6	A	M	A	■	F	A	L	T	E	S	■	S
7	■	A	■	B	U	L	L	■	U	T	A	■
8	E	M	P	A	T	■	A	N	S	E	T	A
9	V	E	S	T	U	A	R	I	■	R	O	M
10	A	L	■	E	R	M	■	C	A	■	L	E
11	■	L	L	I	■	A	F	E	R	R	I	N
12	T	A	R	G	E	T	A	■	C	O	P	A

U	I	P	U	C	S	E	B	Q	S	P	X	F	C	O
T	H	Q	M	L	A	P	O	R	T	A	Q	F	U	Q
G	R	G	S	N	F	Q	R	M	L	X	X	Y	B	S
M	D	A	M	U	F	U	K	L	A	E	H	U	E	C
E	P	E	P	Z	I	L	E	T	N	I	E	R	R	I
S	S	L	E	S	K	W	G	M	H	N	X	C	O	V
S	J	R	N	O	A	U	G	C	X	I	R	G	S	O
I	C	V	R	L	T	G	A	D	R	E	A	V	I	T
Q	V	F	W	I	O	X	Q	R	V	S	T	C	N	A
M	V	R	D	O	E	Y	U	U	Y	T	K	X	E	J
D	S	E	I	R	M	S	U	D	J	A	E	Z	M	I
P	I	J	A	N	I	N	E	P	J	G	I	X	A	M
K	Z	Z	Q	J	O	D	U	M	A	T	T	M	K	Z
E	V	E	A	P	C	T	I	N	T	U	A	R	A	V
A	O	W	Y	W	T	Q	H	G	M	Q	O	H	H	G

JEROGLÍFICS

1. El Galán Fantasma, de Calderón de la Barca
2. Laporta i Pau G(AS)ol
3. Per escupi r

TEST

POTS ARRIBAR A SER COM RAFA NADAL?

El tennis és un esport que requereix molta pràctica, molt fons físic, molta força i menjar plàtans. De menjar plàtans ja en saps, però de tennis com vas? Ara ho pots calcular.

(Sabràs el teu resultat en funció de si el nombre de preguntes contestades són majoria A, B, C o D. En cas d'empat, la resposta a la primera pregunta serà la que decantarà la balança).

1) Quin torneig espanyol té models com a encarregades de recollir les pilotes?

a) És una broma?

b) La copa Bread & Butter

c) El torneig 5 nacions de rugbi de tennis

d) El Màsters de Madrid

2) Pot un jugador envair la pista de l'adversari?

a) No, això és intrusisme laboral

b) Sí si descobreix que té armes de destrucció massiva

c) Sí si salta la xarxa sense que ningú el vegi

d) No

3) Un set pot acabar si un jugador porta 6 jocs i dos o més d'avantatge al rival?

a) Em prens per idiota? Si es diu set és que n'ha de fer 7.

b) No entenc la pregunta.

c) No, els partits duren 90 minuts i no s'acaba fins que l'àrbitre xiula

d) Aquesta és la manera que s'acaba el set, sí.

4) Un tennista que erra dos serveis seguits és penalitzat amb...?

a) Ha de portar dues orelles de burro fetes de cartró durant la resta del partit

b) No sortir de casa en un mes i no rebre la paga dels seus pares

c) Convidar el rival a una mariscada

d) Doble falta i punt per al rival.

5) Quin jugador americà va ser famós per protestar cada decisió de l'àrbitre?

a) El Sánchez Vicario

b) El vicari d'Olot

c) John McCain

d) John McEnroe

6) Un punt directe de servei rep el nom tècnic de...?

a) Zas!

b) Fot-me-la aquí que no tinc butxaques

c) Ai!

d) Ace

7) La pilota que impacta sobre la línia de fons o de lateral es considera dins o fora?

a) Dins, ha de sortir fora de l'estadi per considerar-se fora. És lògic.

b) Fora, les línies no es poden tocar

c) Es considera ni fu ni fa i així ho diu l'àrbitre pel micròfon: "Ni fu ni fa!!!"

d) Dins

8) Quan sabem que un jugador està restant?

a) Quan fa anar una calculadora

b) Quan és més dolent que el pebre

c) Quan sabem que no suma

d) Quan el jugador en qüestió torna la pilota de l'adversari que l'ha posat en joc amb el seu servei

9) Quin torneig de prestigi té com a premi un bol per a amanides?

a) Els punts estrella de la Caixa

b) La Copa de Bette Davis

c) La Copa del Casal D'avis

d) La copa Davis

10) Com es diuen les dues germanes Williams de l'actual circuit de tennis femení?

a) Les germanes Gilda

b) Fina i Segura

c) Serena i Borratxa

d) Serena i Venus

Resultats

TEST TENNIS

Majoria de respostes A:

En Rafa Nadal estaria molt orgullós de tu, no com a expert en tennis sinó com a pallasso. El tennis per tu no té secrets, al contrari, saps del cert que et fa al·lèrgia. Ets capaç de canviar de canal de la tele veient un partit entre Nadal i Federer pensant que es tracta d'un programa de cuina a l'aire lliure. "Què fan dos cuiners amb calça curta i samarreta amb una paella a la mà?".

Majoria de respostes B:

Ets el típic que va a un partit de tennis i no pot estar callat preguntant al veí què està passant a la pista. No entens absolutament res. T'interessa més el que envolta el tennis que el joc en si, i arribes a cridar enmig d'una jugada emocionant coses com "Àrbitre! D'on has tret aquesta cadira? D'Ikea? A quina secció i a quin preu? L'has muntada tu solet?", "Eh, que algú tregui aquesta xarxa d'aquí el mig, no veieu que molesta els jugadors?!!! Pobrets."

Majoria de respostes C:

Tens una petita noció de tennis, la justa per saber que en Rafa Nadal no és un conseller de la Generalitat sinó un noi que fa anuncis de rellotges per la tele amb en Pau Gasol. El tennis, l'has vist sempre com un esport per a executius, per a gent de classe alta, és per això que el dia que et van ascendir a la feina vas anar a treballar vestit de jugador. Llàstima que no queda gens bé atendre els clients d'una entitat bancària amb aquest vestuari. Tot i així, cada cop que vénen a demanar-te una hipoteca, se t'escapa una paraula molt tennística, concretament: "Noooo!".

Majoria de respostes D:

Ets el que molts dirien un malalt del tennis. De petit a l'estiu no feies els deures amb "Cuadernos Santillana" sinó amb "Cuadernos Santana". I sempre ets puntual a la cita si es tracta d'un bon partit d'aquest esport. Fins i tot hi vas una hora abans. "Una Orantes", com diries tu. Però malgrat això, arribar a ser un Rafa Nadal et costarà molt, concretament llençar a les escombraries tots els teus calçotets bóxers i comprar-te'n tipus slip tres talles més petites. Només així sabràs el que és ser un autèntic Rafa Nadal.

feisbuk

Inici | Perfil | Amics 1.306 | Safata d'entrada | Configuració | Cercar

Johan Cruyff

Mur | Informació | Fotos +

No estoy nada mal en este foto.

Informació

Naixement:
25 / Abril / 1947

Sexe:
Home

Població:
Amsterdam, Holanda

Un llibre:
"Las pilares de el tierro"

Amics

1.306 Amics — Veure tots

Carles Rexach

Joan Laporta

Pep Guardiola

Video

3 videos — Veure tots

Haaaaaaaaaaaaaaaa!!!

24 gener

Johan Cruyff s'ha unit al grup **"M'agrada portar la contra"**
1.210 fans i Ferran Monegal

16 abril

Johan Cruyff s'ha unit al grup **"No es que hable mal de la gente, simplemente hablo mal el castellano"**
432 fans

Pep Guardiola ha escrit:
Johan, estic acabant de llegir les obres completes de Miquel Martí i Pol (els tres meus autors preferits) i no puc fer l'alineació per al pròxim partit. Me la fas tu i m'envies un mail? Gràcies.
Enviat avui a les 18:41

Carles Rexach ha escrit:
Johan, t'haig d'explicar una cosa, però és tan llarga que no sé si la podré escriure tota al teu mur. Va, vaig a intentar-ho. Resulta que ahir anant pel carrer ..zzz...zzzzz...zzzz z...zzzzzz...zzzzzz... ...zzzzz...zzzz...
Enviat avui acabat de llevar i de dutxar-se

Carles Rexach ha escrit:
Johan, el que et deia, ahir anant pel carrer....zzzz...zzzz...zzzzz...zzzzz...zzzz
Enviat avui després de despertar-se sobre el teclat de l'ordinador

Johan Cruyff ha publicat 2 fotos:

feisbuk. Inici Perfil Amics 23.455 Safata d'entrada Configuració Cercar

Zzzzzzzzzzz

Informació

Naixement:
13 / Gener / 1947

Població:
Barcelona

Sexe:
Sí, però jo a sota, eh!

Oci:
Dormir

Una frase:
Jo sempre dic una cosa, no?

(insisteixo) Una frase:
No, la que t'he dit abans: "Jo sempre dic una cosa, no?", aquesta és la frase!

Un llibre:
"Els zzzz... zzzzz... zzzz... de la Terra, una miqueta, no?"

Amics

23.455 Amics Veure tots

Johan Cruyff

Assoc. Prof. Becainers Catalunya

Llits&Sofàs

Carles Rexach

Mur | Informació | Fotos +

10 agost

Rexach l'han unit al grup **"A quién madruga Dios le ayuda, pero se está mejor en la cama sin preocupaciones"**

1 fan

23 agost

Rexach l'han unit al grup **"No és que se'm pengi l'ordinador, em penjo jo"**

8.876 fans

13 setembre

Rexach quasi s'uneix a un grup ell solet, però no.

18 febrer

Rexach té **8.365.654 peticions d'amistat** esperant per ser acceptades.

feisbuk.

Administració Feisbuck ha escrit:
Hem notat que el seu compte de Feisbuk fa molt temps que està inactiu. Té algun problema?
Enviat fa tres mesos a les 00:01

feisbuk.

Administració Feisbuk ha escrit:
Hi és, vostè, aquí?
Enviat fa dos mesos a les 00:01

feisbuk.

Administració Feisbuk ha escrit:
Eoo eooo! Que hi és?
Enviat fa un mes a les 00:01

Rexach ha publicat 2 fotos:

feisbuk Inici Perfil Amics 0 Safata d'entrada Configuració Cercar

Janine

Ja sóc aquí!

Informació

Edat:
Això no es pregunta a una dona!

Sexe:
Això no es pregunta a una dona! ...(o sí?)

Un llibre:

Amics

0

Video

2 videos — Veure tots

Laporta for president

Mur | **Informació** | **Fotos +**

20 març

Janine ha creat el grup **"Ussain Bolt és com una tortuga coixa al meu costat"**
1 fan

20 març

Janine s'ha unit al grup **"Les secretàries estem fartes que ens agafin les tisores del portallapis de la nostra taula i no ens les tornin"**
4 fans, 5000 lladres i tot el gremi de secretàries de Catalunya

Janine ha fet una petició d'amistat **a Joan Laporta**
Avui a les 00:00

Janine ha fet una petició d'amistat **a Joan Laporta**
Avui a les 00:01

Janine insisteix a fer peticions d'amistat a **Joan Laporta**
Avui a les 00:02

Janine segueix fent peticions d'amistat a **Joan Laporta** però no hi ha manera!
Avui a les 00:03

Janine fa una petició d'amistat a **Josep Lluís Núñez** per veure si **Joan Laporta** es posa gelós.
Avui a les 00:03

Janine ha publicat 4 fotos:

feisbuk Inici | Perfil | Amics 1.827 | Safata d'entrada | Configuració | Cercar

Lluís Canut

Mur | Informació | Fotos +

18 gener

Lluís Canut ha creat el grup **"Salut i força al Canut"**
56.897 fans

27 febrer

Lluís Canut s'ha unit al grup **"Aaaaaarrossegoooooo les paraaaaaaules quan paaaaaarlooooo"**
1 fan

Cristina Cubero ha escrit:
M'has trucat, oi? Perdona, estava comunicant.
Enviat fa 3 dies a les 12:31

Cristina Cubero ha escrit:
M'has trucat, oi? Perdona, estava comunicant. Parlant amb Ronaldinho d'una discoteca nova de Milà que no tanca mai.
Enviat fa 3 dies a les 22:25

Cristina Cubero ha escrit:
M'has trucat, oi? Perdona, estava comunicant.
Enviat fa 3 dies a les 04:03

Cristina Cubero ha escrit:
Saps què? No em truquis, envia'm millor una carta. A més, amb el que t'enrotlles parlant, arrossegant les paraules, i que tens el do de trucar-me a cobrament revertit, se m'infla massa la factura, xato!
Enviat fa 3 dies a les 07:09

Lluís Canut ha publicat 2 fotos:

Basquetmaniàtic.

Informació

Ocupació:
Periodista

Sexe:
Home

Una hora del dia per fer l'amor:
L'hora Q

Un llibre:
"Els pilars a pilars a pilars de la Terra"

Amics

1.827 amics | Veure tots

Johan Cruyff

Quique Guasch

Cristina Cubero

J. Ll. Núñez

Carles Rexach

Francesc Rosés

feisbuk Inici Perfil Amics 5.332 Safata d'entrada Configuració Cercar

Güei!

Rafa Márquez

Mur | Informació | Fotos +

23 agost

Rafa Márquez s'ha unit al grup **"M'encanta Jaydi"**

1.765.678 fans de Jaydi Mitchel, Pedro, Clara i l'avi de Heidi (aquests 3 per equivocació)

13 setembre

Rafa Márquez s'ha unit al grup **"Canelons? Això són burritos mal fets! Aquests catalans..."**

12 fans

18 febrer

Rafa Márquez té una petició per fer servir l'aplicació **"Receptes Mexicanes"**

Acceptar | Posar-hi xili | Imprimir una fajita

Rafa Márquez ha publicat 4 fotos:

Informació

Naixement:
14 / Gener / 1982

Població:
Zamora, Michoacá, Mèxic

Sexe:
Macho

Número de peu:
El mismo que si estoy sentado

Un llibre:
"Lo derribo por tierra"

Amics

5.332 Amics — Veure tots

Joan Laporta

Carles Puyol

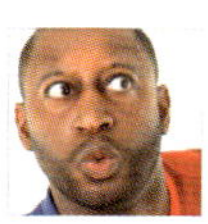
Seydou Keita

Andrés Iniesta

Pep Guardiola

Victor Valdés

Els inèdits

No tots els guions que s'escriuen per al *Crackòvia* veuen la llum, alguns queden sempre a les fosques, al fons de tot d'un calaix. Són els anomenats "Guions que ens mengem amb patates". Aquest nom tan culinari identifica els guions que per diverses circumstàncies no han estat gravats ni emesos. Molts cops no és per falta de ganes, ni perquè la impressora s'hagi quedat sense tinta o perquè hem pitjat per error el botó d'"acceptar" a la pregunta "Està segur que vol formatejar tot l'ordinador?". Sinó que molts cops l'actualitat ha fet que un bon guió caduqués. Tot i que el *Crackòvia* es basa en el dia a dia, bona part del guió s'escriu amb temps per poder planificar bé els continguts del programa. Hem de tenir en compte que dilluns al matí, el mateix dia que s'emet el programa, s'ha de gravar el que ha passat el dia anterior durant la jornada esportiva del cap de setmana. Si a algun club, per exemple, li passa pel cap destituir un entrenador sense avisar-nos (cosa que passa poques vegades... només al Reial Madrid, a l'Espanyol i a la resta de clubs del món), tot el que tenim escrit sobre el personatge destituït passa directament a "Guions que ens mengem amb patates".

Aquí en teniu uns quants exemples i que us aprofiti com a nosaltres! Bona cuina!

Schuster demana

Bernd Schuster, a l'inici de la temporada, no estava gens còmode al capdavant del Reial Madrid. L'entrenador alemany es queixava que necessitava algun jugador de determinades característiques per reforçar el seu equip. Un equip a qui el president havia promès en Kaká, Cristiano Ronaldo, o Sex

1019 (BIS) PLATÓ GAG: "SÈRIE SCHUSTER DEMANA (5)" -OK

ENTRENADOR PETAT

CRACKÒVIA / TEMPORADA 1

NO GRAVAR

PERSONATGES:
BERND SCHUSTER------------- CARLOS LATRE
RAMÓN CALDERÓN------------ JAVIER GIMÉNEZ

LOCALITZACIÓ:
DAVANT DE LA PORTA DEL DESPATX DE RAMÓN CALDERÓN
DINS DEL DESPATX DE RAMÓN CALDERÓN

VESTUARI:
BERND SCHUSTER VA AMB EL XANDALL DEL R. MADRID
RAMÓN CALDERÓN AMB AMERICANA I CORBATA

SÈRIE SCHUSTER DEMANA (5)

PART 1:
DAVANT DEL DESPATX DE RAMÓN CALDERÓN, UNA PORTA AMB UN CARTELL ON POSA "PRESIDENCIA REAL MADRID. DON RAMÓN CALDERÓN", ARRIBA BERND SCHUSTER MOLT DECIDIT I AMB CARA D'ENFADAT. TRUCA ENÈRGICAMENT A LA PORTA.

SCHUSTER:
¿Se puede?

VEU CALDERÓN (DES DE DINS):
¡Adelante!

Fàbregas. Al final al vestidor hi va haver molt de Sex, però ni rastre dels jugadors promesos. Al *Crackòvia* vam engegar una sèrie de gags on Bernd Schuster, indignat, anava a reclamar al president blanc un fitxatge immediat. Malauradament sempre sortia del despatx de Calderón amb una solució gens satisfactòria.

D'aquesta sèrie de gags se'n van emetre els següents:

- Schuster anant a reclamar una davantera més potent. Va sortir del despatx amb un parell de pits.

- Schuster anant a reclamar un extrem dret. En va sortir amb un jove d'estètica skin, amb cap rapat i uns elàstics amb la bandera d'Espanya que li subjectaven els pantalons.
- Schuster anant a reclamar algú que es deixés, com se sol dir vulgarment, els ous al camp. En va sortir amb una gallina.

Ramón Calderón va destituir Bernd Schuster i van quedar al tinter del *Crackòvia* dos guions més de reclamacions de l'alemany. I nosaltres no vam ser a temps de reclamar a Calderón que no el fes fora per poder aprofitar-los.

EN SCHUSTER, UN COP HA OBTINGUT EL PERMÍS DEL PRESIDENT, ENTRA PER LA PORTA

PART 2:
ENS TROBEM DINS DEL DESPATX DE RAMÓN CALDERÓN. VEIEM EL PRESIDENT BLANC ASSEGUT DARRERE LA SEVA TAULA, PLENA DE PAPERS I CONTRACTES, DAVANT DEL SEU ORDINADOR, MIRANT QUI ÉS QUI ENTRA PER LA PORTA.

BERND SCHUSTER ENTRA PER LA PORTA I S'ENCAMINA DECIDIT I DESAFIANT CAP AL PRESIDENT.

SCHUSTER:
Presidente, estoy desesperado, no puedo seguir así, necesito un ariete.

CALDERÓN (ASSENTINT PERÒ SENSE ESTAR GAIRE PER ELL):
Ahahá.

DIT AIXÒ, EN CALDERÓN TECLEJA ENÈRGICAMENT AL SEU ORDINADOR MIRANT FIXAMENT A LA PANTALLA. SEGUIDAMENT S'AJUP A OBRIR UN CALAIX DE LA TAULA.

PART 3:
ENS TROBEM UN ALTRE COP A L'ENTRADA DEL DESPATX DE RAMÓN CALDERÓN. UN IMPACTE DESTROSSA LA PORTA. ÉS BERND SCHUSTER, QUE PER SORTIR HA UTILITZAT UN ARIET (D'AQUELLS DE LA POLICIA PER TIRAR PORTES A TERRA). SURT. RESIGNAT MIRA L'ARIET, SEGUIDAMENT L'ACARONA.

SCHUSTER:
Bueno, al menos éste se está callado.

NO GRAVAR

1019 PLATÓ GAG: "SÈRIE SCHUSTER DEMANA (5)" -OK

CRACKÒVIA / TEMPORADA 1

PERSONATGES:
BERND SCHUSTER------------- CARLOS LATRE
RAMÓN CALDERÓN------------ JAVIER GIMÉNEZ

LOCALITZACIÓ:
DAVANT DE LA PORTA DEL DESPATX DE RAMÓN CALDERÓN
DINS DEL DESPATX DE RAMÓN CALDERÓN

VESTUARI:
BERND SCHUSTER VA AMB EL XANDALL DEL R. MADRID
RAMÓN CALDERÓN AMB AMERICANA I CORBATA

ENTRENADOR PETAT

NO GRAVAR

SÈRIE SCHUSTER DEMANA (4)

PART 1:
DAVANT DEL DESPATX DE RAMÓN CALDERÓN, UNA PORTA AMB UN CARTELL ON POSA "PRESIDENCIA REAL MADRID. DON RAMÓN CALDERÓN", ARRIBA BERND SCHUSTER MOLT DECIDIT I AMB CARA D'ENFADAT. TRUCA ENÈRGICAMENT A LA PORTA.

SCHUSTER:
¿Se puede?

VEU CALDERÓN (DES DE DINS):
¡Adelante!

EN SCHUSTER, UN COP HA OBTINGUT EL PERMÍS DEL PRESIDENT, ENTRA PER LA PORTA.

PART 2:
ENS TROBEM DINS DEL DESPATX DE RAMÓN CALDERÓN. VEIEM EL PRESIDENT BLANC ASSEGUT DARRERE LA SEVA TAULA, PLENA DE PAPERS I CONTRACTES, DAVANT DEL SEU ORDINADOR, MIRANT QUI ÉS QUI ENTRA PER LA PORTA.

BERND SCHUSTER ENTRA PER LA PORTA I S'ENCAMINA DECIDIT I DESAFIANT CAP AL PRESIDENT.

1

SCHUSTER:
Presidente, estoy desesperado, no puedo seguir así, con nuestra táctica, hace falta alguien que haga la cobertura.

CALDERÓN:
Esto está hecho.

NO GRAVAR

DIT AIXÒ, EN CALDERÓN TECLEJA ENÈRGICAMENT AL SEU ORDINADOR MIRANT FIXAMENT A LA PANTALLA.

PART 3:
ENS TROBEM UN ALTRE COP A L'ENTRADA DEL DESPATX DE RAMÓN CALDERÓN. S'OBRE LA PORTA I EN SURT EN BERND SCHUSTER AMB UN TELÈFON MÒBIL A LA MÀ MIRANT-SE'L ENFADAT.

SCHUSTER (IRÒNIC, ENFADAT I IMITANT EN CALDERÓN):
Toma, ya tienes cobertura... arrrgggg!!!

FA QUE NO AMB EL CAP I DESAPAREIX PER LA DRETA.

2

LAPORTA NO HI VA

L'equip del *Crackòvia* no disposa del cotxe del canós professor de *Regreso al futuro* per poder viatjar en l'espai-temps. Això és un problema. I greu. A vegades donem per fetes algunes coses que tenen molts números perquè passin, com per exemple: el Barça viatjarà a Pamplona a jugar contra l'Osasuna. Aquesta premissa segur que es compleix, ja que el

1092 PLATÓ GAG:
"LAPORTA I ELS PINTXOS" - OK
CRACKÒVIA / TEMPORADA 1

NO GRAVAR

LAPORTA NO HI ÉS

PERSONATGES:
JOAN LAPORTA-------------- QUECO NOVELL
CAMBRER---------------------- XAVIER RICART
CLIENT--------------------------

LLOC:
PLATÓ RECREANT UN BAR

VESTUARI:
JOAN LAPORTA VESTIT AMB AMERICANA I CORBATA, PERÒ PORTA UN PITET
CAMBRER VESTIT AMB CAMISA BLANCA I PANTALONS NEGRES

ATREZZO:
UNA SAFATA DE PINTXOS
UN TROFEU EN FORMA DE COPA DE COLOR MARRÓ FOSC
UNA TORRE EIFFEL FETA AMB ESCURADENTS

LAPORTA BACÓ PINTXOS

ENS TROBEM EN UN BAR DEL PAÍS BASC. JOAN LAPORTA ESTÀ DAVANT DE LA BARRA I PORTA UN PITET POSAT. ESTÀ MASTEGANT.
A LA BARRA HI HA PLATS PLENS DE PINTXOS.
DARRERE LA BARRA HI TROBEM UN CAMBRER NETEJANT UN GOT.

LAPORTA (AL CAMBRER):
¡Qué delicia venir a jugar al País Vasco! M'estic posant com un bacó!

LAPORTA ESTÀ CLAVANT QUEIXALADES A UN TROFEU EN FORMA DE COPA QUE SEMBLA FET DE XOCOLATA.

LAPORTA (AL CAMBRER):
Qué buena pinta. ¿Cómo se llama?

CAMBRER:
Patxi.

Barça i l'Osasuna juguen a la mateixa lliga. Tenint en compte que el president Laporta va a tots els desplaçaments de l'equip, ens vàrem posar mans a la obra per escriure un gag: en Laporta a Pamplona en una tasca menjant pintxos. Bona pensada, eh? Doncs en comptes d'en Jan menjant pintxos, nosaltres ens vam menjar el guió amb patates. Aquell cap de setmana Joan Laporta no va anar a Pamplona perquè estava als EUA. Ràpidament vam canviar els pintxos per hamburgueses i vam fer un gag que s'assemblava molt a l'anterior, en el color del paper en què estava imprès, però res més. Aquí teniu el guió defenestrat. Potser aquest gag el veieu a la tele algun altre dia que el Barça viatgi a jugar al País Basc. A falta de màquines del temps, bo és el reciclatge!

LAPORTA:
No, usted no, esto que me estoy comiendo. ¿Me lo puede pasar un poquito más por la plancha?

NO GRAVAR

CAMBRER:
Perdone, pero se está comiendo un trofeo de fútbol sala que ganamos con el equipo de este bar hace 12 años. Está un poco oxidao...

LAPORTA:
Ah, ya decía yo que estaba un poco duro... (DISSIMULA) Bueno, en todo caso... hay que comer hierro, ¿eh? Jejeje...

LAPORTA LLENÇA EL QUE HA RESULTAT SER UN TROFEU DE FUTBOL SALA CAP ENRERE SENSE MIRAR. SE SENT UN COP METÀL·LIC I ALGÚ QUE CRIDA, ENTENENT QUE L'HI HA FOTUT PEL CAP.

ÀUDIO: AAAAHHHHH!!!

LAPORTA AGAFA UN PLAT QUE HI HA A LA BARRA PLE DE PINTXOS QUE LI FAN VENIR AIGUA A LA BOCA. APAREIX UN ALTRE CLIENT PEL COSTAT QUE APROPA LA MÀ PER AGAFAR-LI UN PINTXO. (NO VEUREM EL CLIENT, NOMÉS LA MÀ APROPANT-SE). LAPORTA, EN VEURE AMENAÇAT AQUELL PLAT, LI PICA LA MÀ.

LAPORTA:
¡Que no me toques! ¡¡¡Que no me toques el pintxo!!!

LA MÀ DESAPAREIX DE PLA.
EL PRESIDENT LAPORTA AGAFA EL PINTXO QUE VOLIA AGAFAR LA MÀ I SE'L FOT DINS DE LA BOCA AMB ESCURADENTS I TOT.

CAMBRER:
Oiga, ¿sabe usted que los palillos no se comen? Lo que son capaces de hacer los catalanes con tal de no pagar...

LAPORTA ES TREU L'ESCURADENTS DE LA BOCA I EL MOSTRA AL CAMBRER.

NO GRAVAR

LAPORTA:
¡¿¡¿Qué?!?!... ¡retire lo que acaba de decir! Que no estamos tan mal, ¿eh?

CAMBRER:
Perdone, pero los palillos se guardan. Luego los cuento, y se lo cobro todo.

LAPORTA:
¡No se preocupe, hombre! Los palillos los voy ordenando aquí...

OBRIM EL PLA DE LA CÀMERA I DESCOBRIM QUE DAMUNT LA BARRA, AL COSTAT DE LAPORTA, HI HA UNA TORRE EIFFEL FETA AMB ESCURADENTS.

LAPORTA:
... y ahora ponme 50 pinchos más, que tengo que rematar la cúpula de la torre. Que n'aprenguin!

EL CAMBRER POSA CARA DE CIRCUMSTÀNCIES.

BOJAN NO JUGA

A principis de temporada en Bojan reclamava jugar una mica més, la veritat és que tenia menys minuts que un rellotge espatllat. Fins i tot, en algun partit, l'havíem vist escalfar sense arribar a sortir. Això ens va fer veure la possibilitat de fer-ne una miqueta de sorna en algun dels nostres guions. Però la monarquia se'ns va girar en contra. Sí, la monarquia, concretament la copa del Rei. Aquesta competició va donar els minuts de joc que reclamava en Bojan i va fer que nosaltres afegíssim un àpat més al nostre menú: un altre guió amb patates. Si és que així és impossible fer dieta!

1103 PLATÓ GAG:
"BOJAN NO JUGA" - OK
CRACKÒVIA / TEMPORADA 1 / PGM ¿?
DATA DE GRAVACIÓ: ¿?

BOJAN JA JUGA

NO GRAVAR

CÀSTING
3. PEP PLAZA - GUARDIOLA
5. ORIOL CRUZ - BOJAN
FIGURACIÓ
JUGADOR ANÒNIM AMB GRENYES
EL FRANCISCO, EL SENYOR GRAN QUE DIU "HO HAVEU VIST?"
7 PÚBLIC
LOCALITZACIÓ
BANQUETA BARÇA
VESTUARI
BOJAN, AMB L'EQUIPAMENT DE FER ESCALFAMENT

BOJAN NO JUGA

ENS TROBEM DAVANT DE LA BANQUETA DEL BARÇA. HI HA UNS QUANTS JUGADORS ASSEGUTS, ELS RESERVES. GUARDIOLA ESTÀ DRET TOT MIRANT I CONTROLANT EL PARTIT QUE S'ESTÀ JUGANT. VEIEM QUE BOJAN ESTÀ ESCALFANT PER LA BANDA.

AL CAP DE DUES ANADES I VINGUDES DE BOJAN ESCALFANT PER LA BANDA, ES PARA AL COSTAT DEL SEU ENTRENADOR.

BOJAN:
Míster, avui tampoc jugo? No he parat d'escalfar des del principi de la lliga...

GUARDIOLA:
Has de tenir paciència, a tothom li arriba el seu moment. A tu també t'arribarà, Bojan.

RESIGNAT, EN BOJAN CONTINUA ESCALFANT PER LA BANDA.

ÀUDIO: XIULET DE L'ÀRBITRE
ÀUDIO: PROTESTES PÚBLIC

SENTIM EL XIULET DE L'ÀRBITRE I ELS CRITS DE LA GENT A LA GRADERIA. GUARDIOLA MIRANT AL CAMP NO ES POT CREURE EL QUE HA PASSAT.

NO GRAVAR

GUARDIOLA:
Òndima, han lesionat l'Eto'o. Bojan, vine aquí!

EN SENTIR COM L'ENTRENADOR EL CRIDA, BOJAN, EMOCIONAT, DESCORDANT-SE LA JAQUETA DEL XANDALL, ES POSA AL COSTAT DE GUARDIOLA.

BOJAN:
Sí, míster.

GUARDIOLA:
Mira, vés a dir-li a aquest nano que surti a substituir l'Eto'o. (ASSENYALA CAP A LA BANQUETA)

BOJAN:
A qui?

GUARDIOLA:
A aquest que corre per aquí (ASSENYALA EL JUGADOR AMB GRENYES) que no sé com es diu.

BOJAN:
¿El Víctor Sánchez?

GUARDIOLA:
Com es digui. Li dius que ja pot saltar a la gespa.

EL BOJAN FA CARA DE NO ENTENDRE RES I ES CORDA EL XANDALL ABAIXANT EL CAP.

CARTELA: 5 MINUTS DESPRÉS

ÀUDIO: OHHH DEL PÚBLIC.

ESCOLTEM UN "OOOOOH" DEL PÚBLIC, UN LAMENT. GUARDIOLA NO ES POT CREURE EL QUE VEU AL TERRENY DE JOC.

GUARDIOLA:
Ostres, tu, ara se'm lesiona l'Henry. Bojan, vine!

EL BOJAN, QUE CONTINUAVA ESCALFANT PER LA BANDA, ARRIBA EMOCIONAT, ES DESCORDA LA JAQUETA DEL XANDALL.

GUARDIOLA:
Necessito la teva velocitat.

BOJAN:
El que faci falta!

CRACKOVIA / 25/2/yy 22:02 / Provisional / Pág. 2

NO GRAVAR

GUARDIOLA:
Corre a buscar el Luis Enrique i digue-li que necessito algú del Barça B per substituir l'Henry.

BOJAN NO ENTÉN QUÈ ESTÀ PASSANT, ES CORDA EL XANDALL ABAIXANT EL CAP.

CARTELA: 10 MINUTS DESPRÉS

ÀUDIO: XIULETS I CRIDÒRIA DE LA GENT.

SENTIM EL PÚBLIC PROTESTANT I XIULANT. GUARDIOLA ES POSA LES MANS AL CAP VEIENT EL QUE HA ACABAT DE SUCCEIR DINS DEL CAMP.

GUARDIOLA:
Ara l'Iniesta s'ha fet mal. El que faltava! Bojaaaaaan!

BOJAN, QUE CONTINUAVA ESCALFANT-SE, ARRIBA PLE D'EMOCIÓ DESCORDANT-SE EL XANDALL.

BOJAN:
Digui, Mister!

GUARDIOLA:
Ha arribat el teu moment. No ens queden més opcions: puja a la grada i fes baixar el senyor aquell que sempre crida "Ho haveu vist". Crec que té unes bones cames i podrà substituir l'Iniesta.

BOJAN:
Però Míster, n'estàs segur?

GUARDIOLA:
No tenim temps per discutir!

EL BOJAN SE'N VA I NOMÉS VEIEM EL GUARDIOLA COM SEGUEIX AMB LA MIRADA EL PARTIT.
DE COP APAREIXEN CORRENT EL BOJAN I EL SENYOR EN QÜESTIÓ ANANT CAP A GUARDIOLA. BOJAN, PERÒ, EN ARRIBAR TÉ LA MALA SORT QUE RELLISCA SENSE PODER FRENAR I CAU. (NO EL VEIEM, HA CAIGUT FORA DEL NOSTRE CAMP DE VISIÓ). SENTIM UNA TRENCADISSA.

ÀUDIO: SOROLL DE TRENCADISSA.

GUARDIOLA (MIRANT CAP ON HA CAIGUT EN BOJAN):
Què fas?

SENYOR "HO HAVEU VIST":
Ho haveu vist això? Ho haveu vist?

CRACKOVIA / 25/2/yy 22:02 / Provisional / Pág. 3

BOJAN:
Em sembla que m'he trencat el menisc, míster!

GUARDIOLA:
També és mala sort, just ara que volia fer-te sortir. Au, vés amb el Pruna a veure què hi tens.

SENYOR "HO HAVEU VIST":
La mare que els va parir! La mare que els va parir!

NO GRAVAR

TINTÍN MÁRQUEZ por de volar

La destitució de Márquez no ens va deixar temps de mostrar-vos un gag que teníem reservat per a algun partit en què l'Espanyol jugués a fora. I és que vam conèixer una de les fòbies de Tintín Márquez: volar no li fa gaire gràcia. (Per això quan el van fer volar de la banqueta... tampoc li va fer gens de gràcia).

Dins d'un avió, vam voler imaginar com les estava passant l'entrenador blanc-i-blau durant un desplaçament de l'equip. Per cert, nosaltres també vam fer un desplaçament: el guió va anar de l'escriptori de l'ordinador a la paperera de reciclatge!

1089 PLATÓ GAG: "MÁRQUEZ AVIÓ"-OK

CRACKÒVIA / TEMPORADA 1

L'HAN PETAT ABANS D'HORA

NO GRAVAR

PERSONATGES:
TINTÍN MÁRQUEZ------------------DAVID OLIVARES
DANIEL SÁNCHEZ LLIBRE-----JAVIER GIMÉNEZ
CARLOS KAMENI------------------MIQUEL ÀNGEL RIPEU
RAÚL TAMUDO---------------------CARLOS LATRE
3 JUGADORS DE L'ESPANYOL

LOCALITZACIÓ:
DINS DE L'AVIÓ

VESTUARI:
TINTÍN MÁRQUEZ AMB EL VESTUARI HABITUAL DE TINTÍN
DANIEL SÁNCHEZ LLIBRE MUDAT
JUGADORS AMB EL XANDALL DE L'ESPANYOL

ATREZZO:
UNA LLAUNA D'ESCOPINYES
UNA REVISTA
UN BAT DE BEISBOL
UNA MAÇA
UNS GUANTS DE BOXA
UNA CLAU ANGLESA GROSSA

MÁRQUEZ AVIÓ

ENS TROBEM DALT D'UN AVIÓ, ON L'EXPEDICIÓ DE L'ESPANYOL VIATJA PER ANAR A JUGAR UN PARTIT DE FUTBOL.
TINTÍN MÁRQUEZ ESTÀ ASSEGUT AL COSTAT DE DANIEL SÁNCHEZ LLIBRE.
L'ENTRENADOR ESTÀ MIRANT PER LA FINESTRA AMB CARA DE PÀNIC.

TINTÍN MÁRQUEZ (AMB MOLTA POR):
Ostres, ostres, ostres...

NO GRAVAR

DANIEL SÁNCHEZ LLIBRE (ES TREU UNA LLAUNA D'ESCOPINYES DE LA BUTXACA DE DINS DE L'AMERICANA):
Bé, jo tinc *berberetxos*. No és *lu* mateix que les ostres, però és *casi lu* mateix. (LES HI OFEREIX).

TINTÍN MÁRQUEZ:
No, és que no suporto anar en avió. Em poso dels nervis.

DANIEL SÁNCHEZ LLIBRE:
Bueno, a mi em posa dels nervis perdre amb el *Sanandreu*, i mira tu. Tranquil·litza't, que només anem a... bé, no vull dir la paraula "quinta hòstia", però ja l'he dit. I...

TINTÍN MÁRQUEZ (ES POSA MÉS NERVIÓS):
Ostresostresostresostres...

VEIENT EL NERVIOSISME I LA POR DE TINTÍN MÁRQUEZ, QUE COMENÇA A TORNAR-SE HISTÈRIC, DANIEL SÁNCHEZ LLIBRE L'AGAFA PEL JERSEI I EL COMENÇA A SACSEJAR.

DANIEL SÁNCHEZ LLIBRE:
Calma't, calma't, m'entens? Pot passar *algu* però no passa res!!!

CAMINANT PEL PASSADÍS DE L'AVIÓ ARRIBA KAMENI, QUE S'HA ATURAT VEIENT AQUESTA ESCENA I TAMBÉ HI FICA CULLERADA.

KAMENI:
Déjame a mi, presidente. Tengo una técnica camerunesa.
(COMENÇA A COLPEJAR EL TINTÍN MÁRQUEZ AMB LES DUES MANS. EL BUFETEJA A LES DUES GALTES)
¡¡¡Tranquilo, tranquilo, tranquilo!!!

MENTRESTANT DANIEL SÁNCHEZ LLIBRE HA AGAFAT UNA DE LES REVISTES QUE ET DONEN A L'AVIÓ I L'HA ENROTLLAT. LA MOSTRA AL KAMENI.

DANIEL SÁNCHEZ LLIBRE:
Deixa'm, amb això anirà millor!

2

DANIEL SÁNCHEZ LLIBRE COLPEJA MÁRQUEZ AMB LA REVISTA. SEGUIDAMENT APAREIX UN ALTRE JUGADOR QUE PREN EL RELLEU AL PRESIDENT I LI CLAVA UNA PLANTOFADA A MÁRQUEZ AMB UN POLLASTRE DE PLÀSTIC.

OBRIM EL PLA DE LA CÀMERA I VEIEM UNA FILA DE JUGADORS DE L'ESPANYOL FENT CUA ESPERANT EL SEU TORN PER COLPEJAR MÁRQUEZ. TOTS PORTEN OBJECTES CONTUNDENTS:
UN, UNA MAÇA
UN, UN BAT DE BEISBOL
UN PORTA POSATS UNS GUANTS DE BOXA
L'ÚLTIM DE LA CUA ÉS EN RAÚL TAMUDO, QUE PORTA UNA CLAU ANGLESA MOLT GROSSA A LA MÀ.

LA CÀMERA S'ATURA EN ELL, I AQUEST LA MIRA DESAFIANT.

NO GRAVAR

TAMUDO:
(A CÀMERA COM SI PARLÉS AMB EL TELEESPECTADOR) ¿Qué pasa? ¿Qué es una copiada de *Aterriza como puedas*? ¡Noooo! Es un homenaje, ¿estamos?
(DIT AIXÒ, APARTA AL QUE TÉ DAVANT DE LA CUA) Venga, que ya me toca. (VA BRANDANT LA CLAU ANGLESA AMB ACTITUD AMENAÇADORA I UN MIG SOMRIURE)

crackovian airlines

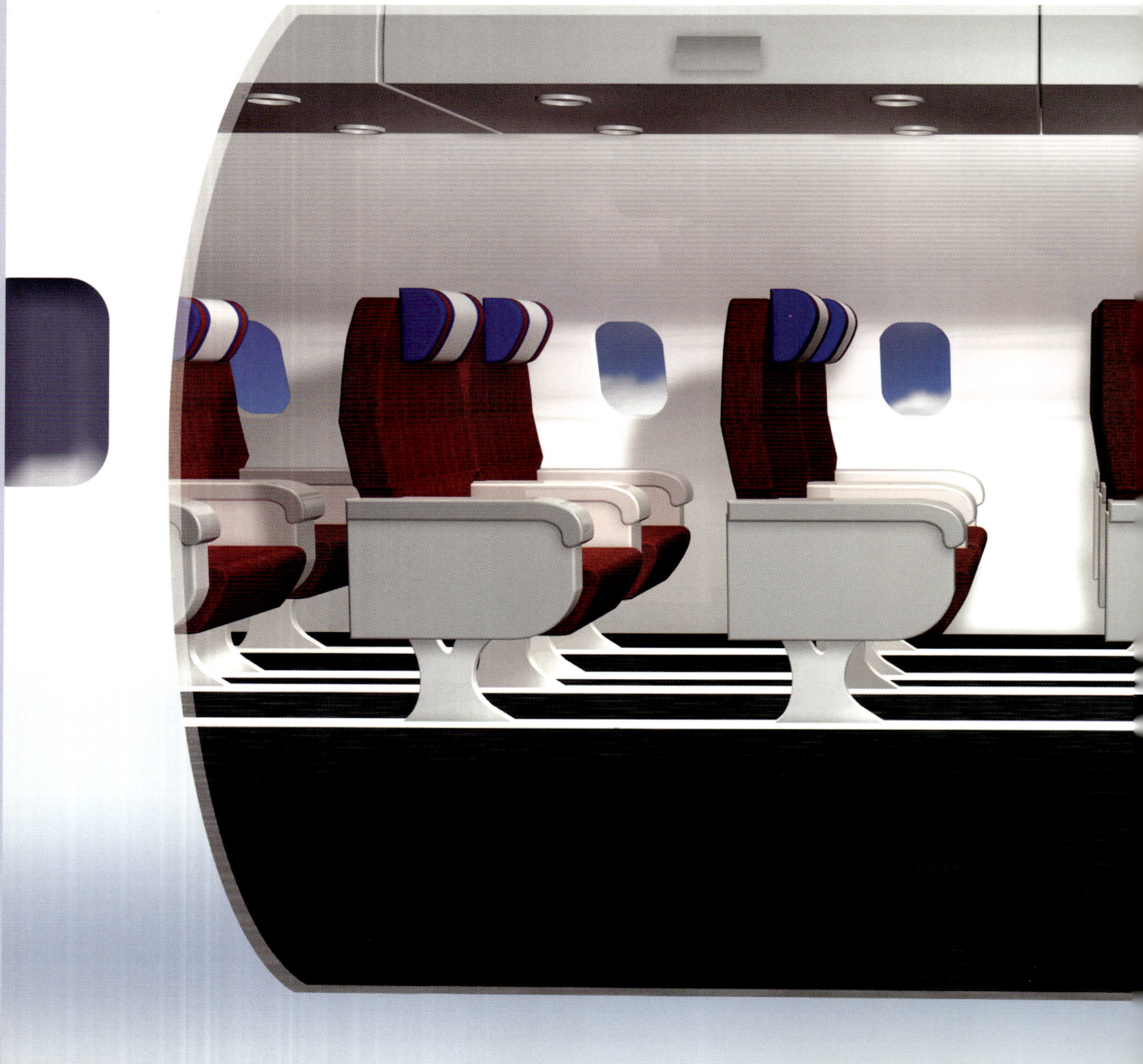

ELS PARLA EL COMANDANT.
VOLEN FER EL FAVOR DE SEURE I DEIXAR DE FER EL RUC D'UNA PUNYETERA VEGADA?
CRACKÖVIA
CRACKOVI-ADHESIUS

CRACKOVI-
ADHESIUS

cracKövia
cracKövia
cracKövia
cracKövia

CRACKOVI-
ADHESIUS
CRACKÖVIA
CRACKÖVIA
CRACKÖVIA
CRACKÖVIA
CRACKÖVIA

CRAC

CRACKOVI-
ADHESIUS
KÖVIA

Llum, càmera, i acció!!!

Ja pots fer i desfer els teus propis gags del *Crackòvia* sense sortir de casa, gràcies als "Crackoviadhesius"!
Per uns moments tu n'ets el director: posa, treu i fes fer allò que vulguis als personatges del programa ens els diferents escenaris que et proposem:

Enganxa els "Crackoviadhesius" que més s'ajustin a la teva idea de gag als diferents escenaris que trobaràs al llibre

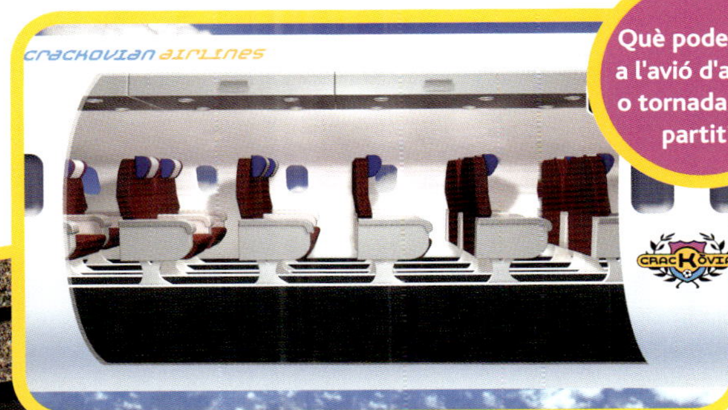

Què poden fer a l'avió d'anada o tornada d'un partit?

Com celebren la consecució d'un títol en un escenari al camp de la gran final?

Què els passa als personatges durant un partit?

O utilitza un fons neutral d'un estadi perquè els teus personatges facin les bajanades que et passin pel cap.

RCDE 1900

CRACKÖVIA

CRACKÖVIA

unicef
unicef
unicef

unicef
unicef
unicef

CRACKÖVIA

CRACKÖVIA

unicef
unicef
unicef

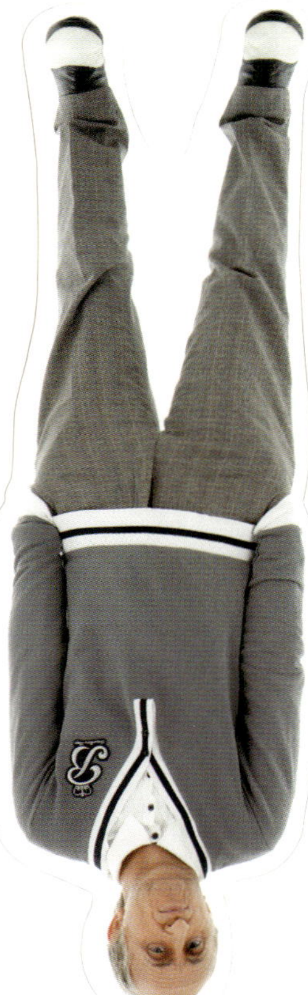

CRACKÖVIA

CRACKÖVIA

unicef
PORTLAND
5
16

ZZZZ... ZZZZ... ZZZZZ...
MÍSTER, ESTIC FART D'ESCALFAR!
CAL TIRAR TANT CONFETI? EN TINC FINS I TOT DINS ELS CALÇOTETS!
LAPORTA DEMISSIÓ!!!
TINC GANAAAAA!!!
VINC DEL LAVABO I NO QUEDA PAPER.
¡SÍ
PASA PASA ESTOY SOLO
¡SOY PICHICHI!
MÍSTER, POT JUGAR LA QUECA AMB NATRUS?
NO XUTEU!! NO XUTEU!!!
¿TE HAS TIRADO UN PEDO O HAY TURBULENCIAS?
¿PICHICHI? ¿QUÉ ES? ¿UNA RAZA DE PERRO?
OEEEEE OEEEEE OEEEE
...Y LA MUJER LE DICE "¿HAS VISTO MISTETAS?"...
"MUNTANYES DEL CANIGÓ FRESQUES SÓN I REGALADES..."
NO M'HO PUC PERMITIR, NO?
CALLA!!!
¡VAMOS!
YA
¡¡¡AAAA!!!!!!!!!!!
...Y LA MUJER LE DICE "¿HAS VISTO MISTETAS?"...
QUI M'HA FOTUT LA COPA? LA TENIA A LA MÀ!
PERDONA, QUÈ CELEBREU?
SOM ELS MILLORS!!!
CAMPIONS!! CAMPIONS!!! CAMPIONS!!!

CRACKÖVIA

CRACKÖVIA

KEITEEEEEEE EEEEEEEEE!!!
PRESIDENT, UN FRANKFURT?
¡AL LORO!
INIESTEEEEE EEEEEEE!!!
...Y LA MUJER LE DICE "¿HAS VISTO MISTETAS?"...
CAMPIONS D'EUROPA!!
CAMPIONS DE LLIGA!!
BONA NIT BASQUETMANIÀTICS
CAMPIONS DE COPA!!
TONTOPOLLAS ¿QUÉ MIRAS?
NO
ARRIBO TARD?
ALGÚ VOL ESCOPINYES?
ÉS AQUÍ L'ALL STAR?
¿Y SI LES ROBAMOS LA COPA?
GOOOOOOOL!!!
TIRA LA FOTO. VA!
BUÀ. BUÀ. BUÀ...
NO HACE FALTA DECIR NADA MÁS
HAHAHAHAHAHA!!!
VISCA CATALUNYA!!!
VISCA EL BARÇA!!